V&..

Gerald Hüther

Männer –
Das schwache Geschlecht und sein Gehirn

2., unveränderte Auflage

Vandenhoeck & Ruprecht

Bibliografische Information der Deutschen Nationalbibliothek

Die Deutsche Nationalbibliothek verzeichnet diese Publikation in
der Deutschen Nationalbibliografie; detaillierte bibliografische Daten
sind im Internet über http://dnb.d-nb.de abrufbar.

ISBN 978-3-525-40420-1

Weitere Ausgaben und Online-Angebote sind erhältlich unter: www.v-r.de

Layout und Satz: textformart, Göttingen
Druck und Bindung: ⊕ Hubert & Co GmbH & Co. KG,
Robert-Bosch-Breite 6, D-37079 Göttingen

Gedruckt auf alterungsbeständigem Papier.

Inhalt

Teil II: Der Prozess der Mannwerdung

Vorbemerkungen

Männer sind keine Maschinen

Wie wird ein Mann ein Mann? Oder etwas präziser. Wie wird aus dem, was ein Mann werden könnte, schließlich das, wofür sich der Betreffende irgendwann hält: ein Mann?

Das ist die Frage, um die es in diesem Buch geht. Ich bin Biologe und Hirnforscher, und aus dieser biologisch-neurobiologischen Perspektive lässt sich diese Frage ziemlich einfach und auch recht schnell beantworten. Gleichzeitig bin ich aber selbst auch noch ein Vertreter des männlichen Geschlechts, und aus diesem Blickwinkel betrachtet, fällt mir die Beantwortung dieser einfachen Frage viel schwerer.

Deshalb habe ich wohl so lange gezögert, dieses Buch zu schreiben. Es wäre kein Problem gewesen, seitenlang darzulegen, wie und wodurch sich Männer von Frauen unterscheiden. Wenn man das gut macht, können solche Bücher sogar recht amüsant sein. Und selbst wenn sie dröge geschrieben sind, finden sich Männer und Frauen in ihren jeweiligen Beobachtungen, Bewertungen und Vorurteilen über die Beschränktheiten des jeweils anderen Geschlechts in der Mehrzahl doch irgendwie bestätigt. Und das erzeugt ja auch ein gutes Gefühl.

Aber was nützt es, und wem nützt es, wenn man erfährt, dass Männer ein größeres Gehirn haben als Frauen, dass bei ihnen die Verbindung zwischen den beiden Hemisphären, der Balken, etwas dünner, dafür der Hippocampus etwas größer ist und der Cortex weniger Furchen und Wölbungen hat? Spannend ist doch nicht die Erkenntnis, dass sich bestimmte Bereiche und Strukturen von männlichen und weiblichen Gehirnen unterscheiden und dass Männer deshalb manches besser, manches schlechter können als Frauen. Um das zu erkennen, braucht man ihnen nicht mit Hilfe der modernen bildgebenden Verfahren ins Hirn zu schauen. Das bemerkt man schneller als ein Hirnscan für die funktionelle Magnetresonanztomographie dauert, indem man ihnen einfach nur zuschaut: bei der Arbeit, auf dem Fußballplatz, vor dem Fernseher, beim Einkaufen. Und dass Männer einen höheren Testosteronspiegel haben als Frauen, ist auch nicht sonderlich überraschend. Wer aber meint, dass Männer dadurch automatisch auch aggressiver, konkurrenzorientierter und untreuer sind, mag wohl glauben, er hätte eine einfache Erklärung für ein weit verbreitetes Phänomen gefunden. Aber die Begeisterung darüber hält leider nicht lange an, denn bekanntermaßen gibt es ja unzählige Männer, die auch mit einem hohen Testosteronspiegel umherlaufen – und deshalb schneller eine Glatze bekommen –, ohne je auffallend aggressiv zu sein.

So erklärt sich also vieles, was auf den ersten Blick wie eine wissenschaftliche Erklärung aussieht, bei näherer Betrachtung als eine mit dem Nimbus der Wissenschaftlichkeit versehene Bestätigung eines ohnehin schon weit verbreiteten Vorurteils. Dann ist man wieder einmal in diese Falle tautologischer Erklärungsversuche getappt, in der einem erklärt wird, dass etwas so ist, wie es ist, weil es genau so funktioniert, wie es funktioniert. Und wenn dann noch möglichst ausführlich die Mechanismen beschrieben werden, wie es mit dem Testosteron, der Amygdala und dem Hippocampus funktioniert, glaubt am Ende jeder tatsächlich verstanden zu haben, warum Männer so sind, wie sie sind.

Bei technischen Geräten, also beispielsweise bei einem Auto, mag die detaillierte Beschreibung des Motors, der Kupplung, des Getriebes und des Fahrwerks tatsächlich dazu führen, dass man besser versteht, wie das Auto funktioniert und weshalb es fährt, wenn man den Zündschlüssel umdreht, den Gang einlegt und die Kupplung kommen lässt. Aber Männer sind meist ja doch noch recht lebendige Wesen, und die funktionieren nicht nur ein bisschen, sondern ganz anders als Maschinen. Um Männer – ebenso wie alles andere, was lebendig ist – zu verstehen, wird es nichts helfen, sie in ihre Einzelteile zu zerlegen, ihnen ins Hirn zu schauen, ihren Hormonspiegel zu messen und ihren Bauplan zu entschlüsseln. Wer das ernsthaft versucht, hat entweder zu viele Bedienungsanleitungen gelesen oder er ist aus anderen Gründen in den Denkmustern des Maschinenzeitalters hängen geblieben. Auch das ist ja ein allgemein bekanntes

Phänomen: Wer sich mit großer Begeisterung über längere Zeit mit etwas beschäftigt, was ihn fasziniert, der fängt irgendwann an, selbst so zu denken, wie es zu dem Gegenstand seiner Begeisterung passt. So werden nicht nur Hundehalter ihren Vierbeinern immer ähnlicher, sondern auch Computerfreaks ihren virtuellen Gestalten, die Fans von Popstars ihren Idolen, Kinder und Jugendliche ihren (medialen) Vorbildern und was es da sonst noch für bemerkenswerte Anpassungserscheinungen des Gehirns an seine Lieblingsbeschäftigungen geben mag.

Im vergangenen Jahrhundert waren sehr viele Menschen noch außerordentlich begeistert über die großartigen Maschinen, die damals zusammengebaut, nutzbringend eingesetzt und ständig weiterentwickelt und verbessert worden sind. Kein Wunder also, dass damals immer mehr Menschen Denkmuster entwickelt haben, die besonders gut geeignet waren, um die Funktion von Maschinen zu verstehen. Inzwischen geht das Maschinenzeitalter zwar allmählich zu Ende, aber die damals in den Köpfen der Menschen entstandenen Denkmuster scheinen sich nicht so schnell wieder aufzulösen. Sie begleiten uns noch heute auf dem Weg zum Arzt, »weil die Pumpe nicht mehr richtig funktioniert« oder »ein Gelenk abgenutzt ist«. Wir nehmen sie mit ins Restaurant, um »den Tank wieder aufzufüllen« und tragen sie in Apotheken und Drogerien, wo uns alle möglichen Schmiermittel, Brennstoffe und Aufbaumittel für unseren Körper angeboten werden. Und abends setzen wir uns dann vor den Fernseher, um »abzuschalten«. Unser Denken ist offenbar viel stärker, als uns das bewusst wird, geprägt von Vorstellungen, inneren Bildern und Wortschöpfungen, die noch aus dem Maschinenzeitalter stammen. Das ist der Grund dafür, weshalb wir unseren Körper, manchmal auch unser Gehirn und bisweilen sogar uns selbst wie eine Maschine betrachten. Und die funktioniert ja auch so, wie sie funktioniert, weil sie ja so gebaut ist, dass sie nur so funktionieren kann.

Aber lebendige Wesen, Menschen, und deshalb auch Männer, sind keine Maschinen, selbst wenn sich vor allem Letztere bisweilen dafür halten. Sie werden nicht nach irgendwelchen Plänen zusammengebaut, sondern sie bauen sich im Lauf ihres Lebens selbst zu dem zusammen, was sie zu einem bestimmten Zeitpunkt ihres Lebens sind. Das gilt auch für Männer.

Autopoiesis wird dieser wunderbare Prozess der Selbstkonstruktion alles Lebendigen genannt und genau diese Fähigkeit ist es, die ein Lebewesen von einer Maschine so grundsätzlich unterscheidet. Und wer wirklich verstehen will, warum Männer im Allgemeinen und einzelne Männer im Besonderen so sind, wie sie sind, der wird diese Frage nur beantworten können, indem er herauszufinden versucht, wie und weshalb sie so geworden sind, wie sie sind. Das wäre dann ein entwicklungsgeschichtlicher oder entwicklungsbiologischer Ansatz, und mit diesem Ansatz soll in diesem Buch versucht werden, genau das zu machen, was dem Narren in der wunderbaren Parabel vom Elefanten gelungen ist: das Unsichtbare nicht dadurch sichtbar zu machen, dass man es zu ertasten oder zu zerlegen versucht, sondern indem man es mit einer Lampe beleuchtet.

Ein indischer Fürst ließ einmal einen Elefanten in einen dunklen Raum bringen und von einer Gruppe seiner besten Wissenschaftler und Wissenschaftlerinnen untersuchen.

Einer betastete das Bein und meinte, dieses Wesen sei ein Baum. Ein anderer betastete das Ohr und sagte, dieses Wesen sei wie ein großes Blatt einer Lotusblüte.

Ein anderer beschäftigte sich mit dem Schwanz des Elefanten und kam zu dem Schluss, der Elefant habe das Wesen eines Aales. Diesem widersprach der Erforscher des Rückens, dem der Elefant einem Walfisch gleich zu sein schien.

Über soviel Dummheit und Ignoranz konnte der Erforscher des Rüssels nur lachen.

Für ihn war klar, dass der Elefant einer Schlange gleich sei. Voller Trauer über die geistige Verwirrtheit seiner Kollegen wandte sich der Philosoph ab.

Seine Hände hatten einen Stoßzahn berührt, und das Elfenbein hatte sich so kostbar angefühlt, dass es für ihn zum Zeichen des Göttlichen geworden war.

Damit war die Diskussion jedoch nicht beendet, denn als der Narr mit der Laterne auftauchte, forderten sie ihn auf, sich seiner unpassenden Argumente zu enthalten und das Licht wieder zu löschen.

Eine Bitte an die Frauen

Eigentlich ist dies ein Buch für Männer. Es soll Männer dazu ermutigen, sich auf den Weg zu machen, um sich selbst besser verstehen zu lernen und die in ihnen angelegten Potenziale wirklich
entfalten zu können. Das Problem ist nur, dass Frauen im statistischen Mittel sehr viel mehr Bücher lesen als Männer. Und sie
haben sich wohl auch schon seit längerem auf den Weg zu sich
selbst gemacht. Deshalb ist es sehr wahrscheinlich, dass die Ziel-
gruppe für dieses Buch nur eingeschränkt erreicht wird. Es sei
denn, Sie, liebe Leserinnen, kommen nach der Lektüre zu der
Überzeugung, dass es den Versuch wert wäre, es auch an den
Mann zu bringen.

Wie man das am geschicktesten bewerkstelligt, wissen Sie
selbst am besten. Einfühlungsvermögen ist ja eine Fähigkeit,
über die Frauen im Durchschnitt eher verfügen als Männer (wie
Sie aber bald erfahren werden, muss es eigentlich heißen »entwickeln konnten«). Meine Mutter hätte vielleicht noch so getan,
als könne sie mit diesem Buch überhaupt nichts anfangen und
hätte wohl auch den zweiten Teil des Titels überklebt. Er ist in
der Tat etwas abschreckend für den Durchschnittsmann.

Wie Sie sehr schnell bemerken werden, geht es in diesem
Buch an keiner Stelle darum, Männer als Schlappschwänze oder
bedauernswerte Schwächlinge darzustellen und in den Frauen
irgendwelche Mutterinstinkte wachzurufen oder gar ihr Mitleid
zu wecken, damit Mütter ihren Söhnen und Frauen ihren Männern beistehen, besser mit ihren Schwächen umzugehen. Es geht
vielmehr darum, auch für Frauen verständlich zu machen, dass
Männer einen sehr schwierigen, stufenweisen Transformationsprozess durchlaufen. In gewisser Weise ist dieser Transformationsprozess vergleichbar mit den Häutungen eines Insektes im
Verlauf seiner Metamorphose. Den Schmetterling erkennt man
ja auch erst am Ende, nicht am Anfang dieses Prozesses.

Sie werden selbst genau wissen, was damit gemeint ist.
Denn ebenso wenig wie als Mann wird man als Frau geboren,
zur Frau oder zum Mann wird man auch nicht gemacht, dazu
kann man sich nur selbst entwickeln. Wie das gelingen kann, soll
in diesem Buch am Beispiel der Männer herausgearbeitet werden. Das andere Buch, in dem dargestellt wird, wie sich dieser

Prozess bei Frauen vollzieht, muss aber wohl von einer Frau geschrieben werden.

Ein Wort von Mann zu Mann

Ganz unter uns gesagt: Es sieht nicht gut aus. Der Wind hat sich gedreht und der Boden, auf dem unsere Väter und Großväter noch einigermaßen stehen konnten, ist schneller ins Rutschen gekommen, als sie das je hätten ahnen können. »Was Männer für eine Kultur nützlich macht, ist ihre Entbehrlichkeit«, schreibt uns heute unser Geschlechtsgenosse R. F. Baumeister, einer der renommiertesten Sozialpsychologen, ins eigene Stammbuch, das den bezeichnenden Titel trägt: »Is there anything good about men?«. Und wenn der inzwischen 72-jährige Jack Nicholson glaubt, sich erinnern zu können, er habe 5.000 Kinder gezeugt, so wird die Sache dadurch keineswegs besser. Das alte Imponiergehabe aussterbender Don Juans zieht nicht mehr, und die selbsternannten Alphamännchen der gegenwärtigen Männerwelt verschleißen sich in einer immer hektischer werdenden Betriebsamkeit beim Kampf um die ersten Plätze auf der Rangliste der Cleversten, Schnellsten, Besten und für alles Zuständigen. In der öffentlichen Meinung haben die miteinander konkurrierenden Männer das Rennen ja ohnehin schon längst verloren. »Frauen sind toll, Männer sind, na ja … eben irgendwie nicht mitgekommen.«

Die beliebteste Erklärungsformel dafür, dass Männer so sind, wie sie sind – und auch in Zukunft so bleiben werden, wie sie schon immer waren –, liefern derzeit die Evolutionsbiologen: Es liegt an den egoistischen Genen, die Männer auf maximalen Reproduktionserfolg à la Jack Nicholson programmieren. Wer dieser Argumentation nicht so recht zu folgen bereit ist, dem liefern die Neurobiologen mit Hilfe ihrer beeindruckenden Flackerbilder vom menschlichen Hirn eine sehr einleuchtende Erklärung: Männer haben ein anderes Gehirn als Frauen, und es funktioniert auch anders. Sie können damit – im statistischen Mittel – besser abstrakt denken und rückwärts einparken, aber dafür fehlt es ihnen an Einfühlungsvermögen und an der Fähigkeit, vernetzt zu denken. Zur Deeskalation sozialer

Konflikte sind sie deshalb mit ihrem Hirn kaum in der Lage. Wer sich weder auf die Erklärung der Evolutionsbiologen noch auf die der Neurobiologen einlassen will, mag Gefallen an der Vorstellung finden, Männer kämen vom Mars, Frauen von der Venus.

Das gemeinsame Merkmal all dieser Erklärungsversuche besteht nur leider darin, dass sie in Wirklichkeit überhaupt nichts erklären. Sie beschreiben lediglich auf verschiedene Weise und mit unterschiedlichen Ansätzen genau das Phänomen, das ja ohnehin hinreichend bekannt ist: Männer sind keine Frauen. Männer sind anders und Frauen eben auch. Manchmal passen ein Mann und eine Frau zusammen und manchmal nicht. Manchmal freut man sich darüber, ein Mann zu sein, manchmal ist es einfach nur beschämend. Und immer ist es schwer zu ertragen, als Mann mit allen anderen Männern, womöglich sogar noch mit denen aus der Steinzeit, in einen Topf geworfen zu werden. Dass wir noch immer dieselben genetischen Anlagen besitzen und an unsere Kinder weitergeben, wie die ersten männlichen Vertreter unserer Spezies vor 100.000 Jahren, ist doch kein Grund dafür, dass wir und unsere Söhne und deren Söhne auch immer noch genauso fühlen, handeln und denken müssen wie unsere steinzeitlichen Vorfahren. War es im Mittelalter noch der liebe Gott, der die Männer angeblich zu dem gemacht hatte, was sie damals waren – Beherrscher der Frauen und der Welt –, so sind es heute unsere genetischen Anlagen, die auf dessen Thron nachgerückt sind. Sie bauen angeblich unsere Gehirne so zusammen, dass wir damit bis ans Ende unserer Tage gezwungen sind, als möglichst potente, breitstreuende Spermienverteiler oder – wenn das nicht klappt – als machtbesessene Karrieristen und Besserwisser herumzulaufen und dabei alle scheinbaren Konkurrenten bei der Verfolgung dieser Ziele mit allen nur erdenklichen Mitteln aus dem Feld zu schlagen. Inzwischen leben wir aber nicht mehr im Mittelalter.

Der Abschluss des gigantischen »Human Genome Projects« gibt nun auch den Verfechtern der genetischen Determiniertheit menschlichen Verhaltens noch einmal Gelegenheit nachzudenken, bevor sie ihre alten Theorien weiter verbreiten. Gene steuern die Bildung von Eiweißen in Zellen. Aber unser Gehirn, auch unser männliches Gehirn, funktioniert ja nicht so, wie es funktioniert, weil die Nervenzellen zu bestimmten Zeiten und bei allen möglichen passenden oder unpassenden Gelegenheiten irgendwelche Eiweiße herstellen. Die Neurobiologen haben ja inzwischen längst herausgefunden, dass es im Gehirn nicht so sehr darum geht, welche Eiweiße wann von den genetischen Programmen abgeschrieben werden, sondern wann und wie Nervenzellen miteinander in Beziehung treten, welche Netzwerke sie ausformen, welche dieser Nervenzellvernetzungen stabilisiert, welche später überformt oder wieder aufgelöst werden. Das Gehirn, so sagen uns die Hirnforscher, ist eben kein Auto, das nach irgendwelchen Bauplänen in einer vorbestimmten Weise zusammengebaut wird und das man dann eine Zeitlang benutzt, bis es dabei verschleißt, durch den TÜV fällt und schließlich auf dem Schrottplatz landet.

Viel besser vergleichbar ist unser Gehirn mit einer Baustelle, auf der zeitlebens an- und umgebaut wird, je nachdem, wie und wofür wir es als Mann oder als Frau hier oder anderswo auf der Welt benutzen. Bisweilen ist das Resultat dieser »nutzungsabhängigen Plastizität« nur eine kärgliche Hütte, manchmal entsteht dabei ein etwas größeres, aber windschiefes Gebäude und gelegentlich wird es auch ein Palast, der auf einem soliden Fundament steht und bis ins hohe Alter ausbaufähig bleibt. Die genetischen Programme liefern lediglich das Material für diesen Hausbau. Was für ein Haus dabei aber am Ende herauskommt, hängt von vielen anderen Faktoren ab, und die haben allesamt herzlich wenig mit den genetischen Anlagen zu tun, dafür aber sehr viel mit der Bodenbeschaffenheit, den Zulieferern, dem Klima, den Plänen irgendwelcher Architekten, der Lage des Bauplatzes und was es da sonst noch alles an unterschiedlichen Voraussetzungen und Bedingungen geben mag. Wenn das nun aber so ist, dann hat es wenig Sinn, den Männern im Allgemeinen und jedem Einzelnen im Besonderen vorzuhalten, sie seien ein Opfer ihres Gehirns oder der dieses Gehirn umflutenden Hormone. So spricht also vieles dafür, dass es allmählich Zeit für etwas wird, was wir angeblich am liebsten den Frauen überlassen: einen sehr gründlichen Hausputz.

Genau dazu möchte ich Sie in diesem Buch einladen. Zuerst geht es um eine Reinigung des Fundaments. Dazu befassen wir uns in einem ersten Teil mit den biologischen Grundlagen, also mit der Natur des männlichen Geschlechts, am Ende auch mit den Unterschieden zwischen Mann und Frau.

Im zweiten Teil geht es dann um den Prozess der Mannwerdung. Dort wird es sehr konkret und auf die eigene Entwicklung anwendbar. Wem es weniger um das männliche Geschlecht im Allgemeinen, sondern um seinen eigenen Lebensweg als Mann geht, kann seine Lesereise auch dort beginnen. Vielleicht wächst danach das Interesse, sich auch mit den allgemeinen Fragen von Sexualität und Männlichkeit zu befassen.

Damit Sie vor diesem Reinemachen nicht zurückschrecken und die üblichen Argumente hervorkramen, die Ihnen sonst immer einfallen, wenn es um Ihre Beteiligung an einem Aufräum- und Entrümpelungseinsatz im eigenen Heim geht: Für diesen Hausputz brauchen Sie keine Zeit zu opfern. Den können Sie ganz nebenbei erledigen. Er erfordert keinen extra Arbeitseinsatz, sondern nur ein bisschen Nachdenken. Sie machen sich dabei auch nicht schmutzig, denn wenn man seine eigenen, eingefahrenen Denkstrukturen neu zu ordnen beginnt, staubt es nicht. Deshalb brauchen Sie für diesen Job auch keine besondere Schutzkleidung. Machen wir uns also an die Arbeit. Sie dürfen gespannt sein, was dabei herauskommt.

Teil I
Die Natur des Männlichen

Auf der Suche nach den Ursprüngen:
Wer war der erste Mann?

Es scheint eine sehr alte Erkenntnis zu sein: Um sich selbst verstehen zu können, ist es offenbar recht hilfreich, wenn man weiß, wo man herkommt, von wem man also abstammt. Die Idee, Adam sei der Urvater aller Männer, war eigentlich gar nicht so schlecht. Erstens deshalb, weil Adam von Gottvater eigenhändig und deshalb wohl auch genau nach dessen Vorstellungen aus Lehm geformt und mit göttlichem Odem zum Leben erweckt worden war. Man(n) war also von Gott gemacht.

Und zweitens auch deshalb, weil es eben nicht dieser brave Gottessohn, sondern die aus seiner Rippe hergestellte Eva war, die das Problem mit dem Apfel heraufbeschworen und die Vertreibung aus dem Paradies ausgelöst hatte. Damit war der arme Adam nicht nur zum Opfer weiblicher Entdeckerfreude und Gestaltungslust, sondern auch noch zu einem aus dem Paradies vertriebenen Urvater aller Männer geworden. Man(n) konnte also nichts dazu, dass es so gekommen ist.

Der Blick auf die Ursprünge des Männlichen hat sich in der Zwischenzeit etwas erweitert. Wie Gott die Männchen und Weibchen bei den Tieren gemacht hat, steht nicht im Alten Testament, nur dass er sie beide vorher gemacht hatte. Wie die beiden Geschlechter entstanden sind, haben die Evolutionsbiologen seit Darwin inzwischen einigermaßen aufgeklärt.

So muss man also heute auf der Suche nach den ersten Vertretern des männlichen Geschlechts ziemlich weit auf der Leiter der Evolution des Lebendigen hinabsteigen. Als Biologe und Hirnforscher möchte ich Sie auf dieser Reise zu den Ursprüngen des Männlichen begleiten. Sie führt uns sehr weit zurück bis zu den Einzellern, und dort finden wir auch eine erste Antwort auf die Frage nach den Ursprüngen des männlichen Geschlechts.

Das Liebesleben der Pantoffeltierchen

Die Biologen haben inzwischen viele Hinweise dafür gefunden, dass die ersten richtigen Einzeller offenbar dadurch entstanden sind, dass verschiedenartige Bakterien miteinander eine so enge wechselseitige Austauschbeziehung eingegangen sind, dass daraus schließlich eine wechselseitige Abhängigkeit geworden ist und das so entstandene Gebilde nur noch als Ganzes, als Einzeller mit einem Zellkern und verschiedenen Zellorganellen, überlebensfähig war. Die Bakterien sind noch enorm anfällig für Mutationen, ihr Erbgut verändert sich ständig und sie können Teile dieses Erbgutes, also bestimmte DNA-Abschnitte, untereinander austauschen. Dazu legen sich zwei Bakterien aneinander und bilden einen kleinen Schlauch aus, der sie miteinander verbindet und über den sie dieses Erbgut einander wechselseitig injizieren. Die Mutationen ereignen sich bei diesen Bakterien zufällig und diese Austauschvorgänge sind wohl auch noch stark dem Zufall überlassen. Bei den nun schon weitaus komplizierter aufgebauten Einzellern bedrohen solche ungerichteten Mutationen und Austauschprozesse sehr viel schneller die Stabilität des bisher entstandenen Gebildes. Überleben konnten daher nur diejenigen, denen es gelang, die Veränderungen ihres Erbgutes in Grenzen zu halten bzw. wieder zu reparieren. Gleichzeitig musste der Austausch von Erbmaterial auf diejenigen beschränkt werden, die einander sehr ähnlich waren, also auf Individuen der gleichen Art. Gelungen ist den Einzellern das durch einen Trick – durch die »Erfindung« von Signalstoffen, die verschiedene Individuen der gleichen Art unter bestimmten Bedingungen produzieren und nach außen absondern. Von diesen Signalstoffen werden diese Einzeller wechselseitig angezogen, und wenn sie sich gefunden haben, können sie bestimmte Anteile ihres jeweiligen Erbmaterials miteinander austauschen.

Besonders eindrücklich lässt sich der Einsatz und die Wirkung dieser Signalstoffe bereits bei den mit den Pantoffeltierchen verwandten Einzellern Blepharisma spec. nachweisen. Dazu muss man ein paar alte, halb vergammelte Laubblätter in ein mit Wasser gefülltes Glas legen und das Ganze eine Weile unter eine Lampe stellen. An den Blättern hängen diese winzigen, primitiven und stammesgeschichtlich uralten Einzeller, die nun zum

Leben erweckt werden und sich munter durch ungeschlecht-liche Teilung vermehren. Nahrung finden sie im Überfluss (aus den vergammelten Blättern), und Energie in Form von Licht be-kommen sie auch genug (von der darüber hängenden Lampe). Nach drei Tagen entfernt man die vergammelten Blattreste. Nun wird den sich noch immer schnell vermehrenden Einzellern all-mählich die Nahrung knapp. Sie schwimmen umher und man-che landen dabei unten im Glas und müssen versuchen, dort zu überleben. In dieser Welt, auf dem Grund des Glases, gibt es noch viele Nährstoffe (kleine Blattreste, gestorbene Artgenos-sen), aber nur wenig Licht. Dort können also nur diejenigen überleben und sich weiter vermehren, die am besten in dieser (halben) Welt mit viel Futter und wenig Energie zurechtkom-men. Näher an der Lampe herrscht eine umgekehrte Welt. Hier gibt es zwar genug Lichtenergie, dafür aber zu wenige Nähr-stoffe. Dort versammeln sich diejenigen dieser Einzeller, die so beschaffen sind oder denen es gelungen ist, sich so anzupassen, dass sie in dieser anderen (halben) Welt noch weiter wachsen und sich vermehren können.

Von der Seite betrachtet erscheint das Wasser im Glas nun in der Mitte ziemlich klar, während es oben und unten trübe aus-sieht, weil sich dort die Spezialisten der beiden Welten unseres Wasserglases versammelt haben. Bald geht es denen oben wie auch denen unten im Glas versammelten Einzellern so schlecht, dass sie sich nicht mehr vermehren können (weil entweder die Nährstoffe oder das Licht nicht mehr ausreichen). Dann ge-schieht das Wunder! Plötzlich, als ob es gleichzeitig oben und unten gefunkt hätte, fangen beide Gruppen an, aus ihren zwei unterschiedlichen Welten aufeinander zuzuschwimmen. Oben wird das Wasser klar, unten wird das Wasser klar und alle ver-sammeln sich in der Mitte.

Was sie dorthin treibt, haben die Mikrobiologen in-zwischen herausgefunden: Die Einzeller oben und unten geben, wenn sozusagen »nichts mehr geht«, Lockstoffe ab, von denen die jeweils anderen unwiderstehlich angezogen werden. Beide Lager schwimmen dann der aus der jeweils anderen Welt kom-menden Duftspur entgegen, und sie treffen sich zwangsläufig in der Mitte. Was sie dort treiben, erkennt man nur noch unter dem Mikroskop: Immer zwei, eine(r) von oben und eine(r) von unten, legen sich aneinander. Dort, wo ihre Zellmembranen aneinanderstoßen und verschmelzen, entsteht eine Öffnung. Durch das entstandene Loch werden nun Bestandteile ihres Inneren ausgetauscht – und damit auch die in diesen Bestandteilen enthaltene Information, die ihnen ihre speziellen Fähigkeiten verliehen hat, entweder oben oder unten so besonders gut zurechtzukommen.

Der wundersame Austausch über die in zwei verschiedenen Welten gemachten Erfahrungen und die dort gesammelten Informationen ist leider rasch zu Ende. Die Partner trennen sich und jeder macht sich nun mit etwas weniger altem und etwas mehr neuem Wissen als vorher auf den Weg.

Vielen schient diese Verschmelzung neue Möglichkeiten zu eröffnen. Sie kommen nun offenbar besser als vorher mit dem zurecht, was ihre kleine Welt oben oder unten im Wasserglas zu bieten hat – eine Zeitlang wenigstens, bis es wieder zu eng wird und das uralte erotische Treiben im Wasserglas von Neuem beginnt.

Es fällt nicht schwer, sich vorzustellen, wie diese noch sehr ursprünglichen Formen der Verschmelzung und des Informationsaustausches zwischen Individuen der gleichen Art im Lauf von Jahrmillionen immer weiter verfeinert und weiterentwickelt worden sind, bis am Ende eben unterschiedliche Geschlechter entstanden. Die männlichen und weiblichen Formen einer jeden Art versuchen seither, sich mit ihren jeweiligen geschlechtsspezifischen Strategien in der Welt zu behaupten, und werden, sobald ihnen das einigermaßen gelungen ist, von den Signalen der Liebe des jeweils anderen Geschlechtspartners unwiderstehlich angezogen: dem betörenden Duft, dem wunderbaren Gesang, der bunt schillernden Färbung, der beeindruckenden Statur oder dem vielversprechenden Gehabe. So ist aus der ursprünglichen erotischen Beziehung der geschlechtslosen Einzeller allmählich all das entstanden, was noch heute als erotisch-sexuelle Beziehung einen Mann und eine Frau dazu bringt, die in ihren jeweiligen Lebenswelten gesammelten Erfahrungen auszutauschen und miteinander zu verschmelzen.

Die sexuelle Fortpflanzung, bei der sich ein männliches und ein weibliches Wesen derselben Art vereinigen (um ihre Gene auszutauschen), hat noch etwas Bemerkenswertes hervorgezaubert, nämlich die Fähigkeit, auch solche Dinge in der Welt wahrzunehmen, die man für den »Kampf ums nackte Dasein« gar nicht braucht. Schon die Insekten mussten die jeweilige besondere Eigenschaft ihres Sexualpartners sehen, hören oder riechen können. Jedes körperliche Merkmal, jede Entäußerung von Tönen oder Düften, jede Verhaltensweise, also im Grunde jede Leistung und jede Eigenschaft, die durch zufällige Veränderungen der genetischen Anlagen, durch Mutation oder Rekombination entstanden war, konnte prinzipiell zu einem Signal für die Partnerwahl werden.

Durch diese sexuelle Selektion wurde es nun auch möglich, aus der natürlichen Variabilität der Ausprägung dieser betreffenden Leistungen und Eigenschaften innerhalb einer Population die entsprechenden Merkmale und Leistungen gezielt und innerhalb relativ kurzer Zeiträume »herauszuzüchten«. Das erfolgte zwangsläufig immer Hand in Hand mit den zur Wahrnehmung, Erkennung und Bewertung dieser betreffenden Merkmale erforderlichen rezeptiven und assoziativen Fähigkeiten des jeweils anderen Geschlechtspartners. In diesem ständig vorwärtsschreitenden und sich immer wieder neu aufeinander abstimmenden koevolutiven Prozess konnten so nicht nur eine Vielzahl hochspezifischer Leistungen und ein vielfältiges Spektrum an geschlechtsspezifischen Merkmalen, sondern auch die diesen Leistungen und Merkmalen zugrunde liegenden genetischen Anlagen und Genkombinationen im Genpool der jeweiligen Arten verankert werden. So bekam das eine Geschlecht immer wachere Sinne für die Signale der Liebe des anderen, und Letzteres produzierte immer mehr und immer Betörenderes von dem, was Ersteres so anzog und verlockte.

Damit wir jetzt schön der Reihe nach vorgehen und nichts von dem vergessen, was wir an bedeutsamen Erkenntnissen über die Natur und das Wesen des männlichen Geschlechts herausgearbeitet haben, sollten wir ein Logbuch für die eigene Kursbestimmung anlegen und hier als erste Erkenntnis eintragen:

Nicht die Männer haben die Sexualität erfunden, sondern die Sexualität die Männer.

Die Erfindung des männlichen Geschlechts

Einzeller wie die Pantoffeltierchen haben ja noch keine zwei Geschlechter. Aber Sex ist das schon, was sie in diesem Wasserglas oder draußen in jedem Tümpel treiben. Denn biologisch betrachtet ist Sex ja nichts anderes als der Austausch oder die Vermischung von genetischem Material zwischen zwei Individuen derselben Art. Das machen die Einzeller nicht immer, aber zu bestimmten Gelegenheiten. Bei Vielzellern funktioniert das so nicht, sie bestehen ja aus vielen und zudem auch noch verschiedenen spezialisierten Zellen. Als die ersten Vielzeller entstanden waren, mussten die erst einen Trick erfinden, damit das klappte, was die Einzeller schon konnten. Das ist ihnen auch irgendwann gelungen und seither machen es alle Vielzeller so: Sie verwenden einfach nicht alle Zellen für den immer komplizierter werdenden Aufbaus ihres Körpers, sondern halten bestimmte Zellen als undifferenzierte Keimzellen in einem geschützten Bereich im Inneren ihres vielzelligen Organismus zurück. Diese Zellen brauchen sich dann nicht zu spezialisierten Körperzellen zu differenzieren. Sie bleiben, was jeder Einzeller automatisch ist: artspezifisch omnipotent. Von den in ihren Zellkernen liegenden Chromosomen ist noch das gesamte genetische Material abrufbar, das für den Aufbau des jeweiligen vielzelligen Organismus erforderlich ist. Wenn die Keimzellen von zwei solcher Vielzeller miteinander verschmelzen, entsteht eine Zygote, aus der sich dann ein neuer Vielzeller entwickelt. Im Gegensatz zu den durch Abschnürung, Sprossung oder einen anderen Weg der ungeschlechtlichen Vermehrung entstandenen Nachkommen ist dieser aus der Verschmelzung von elterlichen Keimzellen zur Zygote hervorgegangene Organismus eine genetische Mischung aus den Anlagen beider Eltern. Er ist nicht mehr mit ihnen identisch, sondern ein bisschen anders, eben eine mehr oder weniger zufällige Kombination dessen, was die Eltern an genetischem Material eingebracht haben. Wenn es um nichts anderes geht, als dass möglichst viele Nachkommen entstehen, so ist dieser Weg der sexuellen Fortpflanzung ziemlich aufwändig und eher hinderlich. Die meisten Vielzeller greifen auf diese komplizierte Art der Fortpflanzung deshalb auch nur in bestimmten Notsituationen zurück. Normalerweise vermehren sie sich einfach ungeschlechtlich. Und dazu brauchen sie keine männlichen Formen, weibliche aber auch nicht.

Männliche Individuen und natürlich dann auch weibliche bilden viele Arten erst dann heraus, wenn die Lebensbedingungen ungünstiger werden und es vorteilhaft wäre, wenn nicht alle gleich sind: Wenn also Variabilität der genetischen Anlagen und deshalb auch bestimmter körperlicher Merkmale vorteilhaft ist. Das wäre z.B. dann der Fall, wenn bestimmte Parasiten und Krankheitserreger sich besonders gut auf ihre ewig gleichbleibenden Wirte eingestellt haben. Oder wenn sich die Lebenswelt einer Art allmählich verändert; wenn es zu viele Feinde, zu wenig Nahrung, klimatische Veränderungen oder ständige Störungen des ökologischen Gleichgewichts gibt. Dann wird es für Vielzeller (ähnlich wie für Pantoffeltierchen) vorteilhaft, männliche und weibliche Formen auszubilden und sich sexuell fortzupflanzen.

In unser Logbuch zur weiteren Kursbestimmung können wir also eintragen:

Männer wie auch Frauen entstehen erst dann, wenn sie – und das, was sie miteinander treiben – für den Fortbestand einer Art wichtig, bedeutsam und damit sinnvoll sind.

Damit haben wir geklärt, wann und wozu Männer gebraucht werden. Was uns jetzt noch fehlt, ist, wie sie gemacht werden.

Bei uns Menschen ist das sehr einfach. Erstens ist die Welt, in der wir leben, nicht zuletzt durch unser eigenes Wirken, so vielfältig und veränderlich, dass uns – wie schon den meisten Wirbeltieren – die für eine ungeschlechtliche Vermehrung durch Knospung oder Sprossung erforderlichen Mechanismen längst abhanden gekommen sind. Jedenfalls natürlicherweise, was aber nicht heißt, dass es auch prinzipiell unmöglich wäre, uns vegetativ zu vermehren. Inzwischen haben die Reproduktionsmediziner ja herausgefunden, wie man nicht nur Tiere, sondern auch Menschen als identische Kopien ihrer selbst herstellen kann.

Und zweitens wird bei uns das Geschlecht schon bei der Befruchtung von den Geschlechtschromosomen festgelegt. Alle

Eizellen enthalten ein X-Chromosom, Spermien entweder ein X- oder ein Y-Chromsom. Es hängt davon ab, welches Spermium die Eizelle zuerst erreicht und in die Eizelle eindringen kann, ob eine Zygote mit entweder zwei X-Chromosomen entsteht – aus der sich dann ein weiblicher Embryo entwickelt – oder eine Zygote mit einem X- und einem Y-Chromosom – und daraus wird dann, wenn nichts dazwischenkommt, ein Mann.

Bei manchen Arten wird das Geschlecht nicht wie bei uns durch ein Y-Chromosom festgelegt, sondern durch das Verhältnis der Anzahl von X-Chromosomen zur Anzahl normaler Chromosomen. Um einen männlichen Vogel entstehen zu lassen, reicht deshalb ein einziges X-Chromosom nicht aus, es müssen zwei sein. Bei den meisten Vögeln ist das Y-Chromosom völlig verkümmert. Weshalb das so ist, soll uns jetzt nicht weiter interessieren, denn es wird gleich noch einige andere, viel interessantere Überraschungen geben auf unserer Suche, wie man Männer macht.

Das funktioniert nämlich auch ganz ohne diese Geschlechtschromosomen. Dann wird die Geschlechtsbestimmung nicht dem Zufall überlassen, sondern Männer (und Frauen) können je nach Bedarf hergestellt werden.

Für manche Tiere ist es beispielsweise vorteilhaft, das Geschlecht der Nachkommen an die Verfügbarkeit des jeweils anderen Geschlechts anzupassen. Das gilt vor allem für festsitzende Arten. Wenn man festklebt und sich nicht aussuchen kann, mit wem man sich verpaart, kommt man an keinen andersgeschlechtlichen Partner heran, wenn alle im Umkreis entweder auch weiblich oder auch männlich sind.

Ein besonders flexibler Vertreter dieser sessilen Tiere, die Pantoffelschnecke, beginnt ihr Leben deshalb als Männchen und entwickelt sich, sobald sie aufhört umherzuwandern und auf einem Stein sesshaft wird, zum Weibchen. Die nächste ankommende männliche Pantoffelschnecke findet das festgeklebte Weibchen und wird nach der Verpaarung ebenfalls weiblich. So geht es immer weiter mit den Geschlechtsumwandlungen, bis am Ende ein ganzer Turm aus Pantoffelschnecken entstanden ist, unten die Weibchen, oben die noch nicht verwandelten Männchen. Manche Fische machen das ähnlich. Der Schwarm besteht aus lauter Weibchen und einem großen Männchen. Stirbt dieses, so wandelt sich eines der Weibchen in ein Männchen um, und dann kann es mit der sexuellen Fortpflanzung weitergehen.

Eine zweite Möglichkeit der Geschlechtsbestimmung besteht darin, sich mit der Produktion von Männchen und Weibchen nach den Umgebungsbedingungen zu richten. Bei manchen Fischen, Krebsen und Reptilien hängt das Geschlecht der Nachkommen von der Temperatur ab, bei der die Eier ausgebrütet werden. Wenn es wärmer ist, schlüpfen bei Schildkröten Männchen aus den Eiern, bei Alligatoren Weibchen. Bei Krokodilen entstehen Männchen nur bei einer optimalen, mittleren Temperatur. Wird es zu warm oder zu kalt, schlüpfen nur Weibchen aus den Eiern.

Schließlich gibt es Arten, bei denen die Mütter darüber bestimmen, welches Geschlecht ihre Jungen haben sollen. So machen es beispielsweise die Wasserflöhe. Die vermehren sich normalerweise asexuell. Es gibt nur Weibchen, die wiederum Weibchen zur Welt bringen und sich niemals mit einem männlichen Wasserfloh verpaaren. Wenn der Tümpel dann aber allmählich auszutrocknen beginnt und sich immer dichter mit Wasserflöhen füllt, beginnen diese Wasserflohweibchen auch Männchen zur Welt zu bringen, die sich mit anderen Weibchen verpaaren. Dann produzieren die Weibchen sogenannte Dauereier, die auch die Austrocknung des Tümpels überstehen. Wenn wieder genug Wasser da ist, geht das Spiel von vorn los.

Bei Bienen und Wespen entstehen nur Weibchen, wenn die Mutter, also die Königin, Sperma aus ihrem Vorratsbehälter, den sie sich beim Hochzeitsflug von einem Drohn hat füllen lassen, zu den Eiern hinzufügt. Macht sie das nicht, werden aus den unbefruchteten Eiern nur Männchen.

Diese Beispiele mögen reichen, um die nächste Schlussfolgerung in unser Kursbuch der Mannwerdung einzutragen:

Männlich wird man immer dann, wenn man entweder durch Zufall oder durch die Verhältnisse oder eben durch seine Mutter dazu gemacht wird.

Die Männermacher sind meist weiblich

Weil wir ja keine Pantoffeltierchen, Wasserflöhe oder Krokodile sind, verdanken wir Männer unser männliches Schicksal biologisch gesehen eher dem Zufall. Aber nicht so ganz, wie sich noch herausstellen wird, denn es gibt schnellere und kurzlebigere und langsamere und robustere Spermien. Erstere sind die mit dem Y- und Letztere die mit dem X-Chromosom. Wie gut diese beiden Sorten vorankommen und wer von beiden wann bessere Chancen für die Befruchtung einer Eizelle hat, hängt nicht allein vom Zufall ab. Und ob ein männlicher Keim dann auch wirklich durchkommt und das Licht der Welt erblickt, noch weniger. Dass da sogar bei uns Menschen nicht alles zufällig ist, macht bereits die statistische Verteilung von Jungen- und Mädchengeburten deutlich: Blaublütige Aristokraten und gutbetuchte Bürgerinnen bringen mit erstaunlicher Regelhaftigkeit mehr Söhne als Töchter zur Welt. Genau wie gut gefütterte Opossums, Hamster, Sumpfbiber und ranghohe Klammeraffen.

Im Labor kann man Hamster dazu bewegen, Würfe mit mehr Weibchen zur Welt bringen, indem man sie zu eng einpfercht. Dasselbe gilt für Ratten, die unter Stressbedingungen gehalten werden. In der freien Wildbahn haben schmächtige und ältere Ricken häufiger weiblichen Nachwuchs, als das der Zufall fordern würde. Bei Rotwild ist es vor allem die soziale Stellung, also der Rang der Mutter, der das Geschlecht der Kälber beeinflusst. Dominante Weibchen bekommen mit größerer Wahrscheinlichkeit Söhne.

Beim Menschen hat man natürlich besonders intensiv danach geforscht, ob und wie sich das Geschlecht der zur Welt kommenden Kinder beeinflussen lässt. Gut abgesichert sind die Befunde nicht, aber die Wahrscheinlichkeit der Geburt eines Mädchens oder eines Jungens scheint auch bei uns nicht ganz dem Zufall überlassen zu sein. Während und unmittelbar nach großen Kriegen werden in den davon betroffenen Ländern offenbar etwas mehr Söhne geboren. Ältere Mütter und besonders dominante Frauen bringen häufiger Jungen zur Welt. Frauen mit infektiöser Hepatitis, mit Schizophrenie, mit hohem Alkohol- und Nikotinkonsum während der Schwangerschaft bekommen eher Mädchen. Auch die Frauen, die nach dem Londoner Smog von 1952 oder nach der Wende in der DDR niederkamen, brachten mehr Töchter als Söhne zur Welt. In manchen Regionen Australiens, in denen die Qualität des Trinkwassers von Regenfällen abhängig ist, lässt sich neun Monate, nachdem ein schwerer Sturm die Stauseen gefüllt und den Schlamm aufgewühlt hat, ein deutlicher Rückgang der Geburtenziffern von Jungen verzeichnen.

Kaum ein Thema hat die Menschen über alle Zeiten hinweg so stark beschäftigt wie die Suche nach Möglichkeiten, das Geschlecht der eigenen Kinder zu beeinflussen. Sowohl Aristoteles als auch der Talmud empfehlen, das Ehebett in Nord-Süd-Richtung aufzustellen, wenn man Jungen zeugen möchte. Der griechische Philosoph Anaxagoras war darüber hinaus der Überzeugung, der Geschlechtsverkehr müsste vom Mann auf der rechten Seite liegend vollzogen werden, um Knaben zu zeugen. Diese Auffassung war so verbreitet und hat sich so lange gehalten, dass sich sogar noch im Mittelalter einige französische Adlige – weil sie unbedingt einen Jungen zeugen wollten und diese Stellung beim Geschlechtsverkehr wohl nicht immer einzuhalten war – den rechten Hoden entfernen ließen.

So recht ist man mit der Lenkung des Geschlechts des eigenen Nachwuchses auch bis heute noch nicht weitergekommen. Mit modernen Verfahren wird schon seit einigen Jahren versucht, Spermien, die ein Y- oder X-Chromosom besitzen, im Labor zu trennen. Letztere enthalten dreieinhalb Prozent mehr DNA. Die Methoden sind aufwändig und bleiben unzuverlässig.

Es ist schockierend und Ausdruck einer bedauernswerten Fehlentwicklung, aber einfacher ist die Abtreibung von Embryonen und billiger ist die Tötung von Neugeborenen des unerwünschten Geschlechts – meist von Mädchen. In China hat die Politik des Einzelkindes nach Schätzungen zur Tötung von 17 % aller neugeborenen Mädchen geführt. 96 % aller Frauen in einem indischen Krankenhaus, die durch Pränataldiagnostik erfahren hatten, dass sie eine Tochter erwarten, entschieden sich für eine Abtreibung, während fast alle Frauen, die mit einem Sohn schwanger waren, diesen auch zur Welt brachten. Das wird nicht nur in einem einzigen Krankenhaus und auch nicht nur in Indien so sein.

So bleibt uns an dieser Stelle ein weiterer bedenkenswerter Eintrag in unser Kursbuch:

Das männliche Geschlecht entsteht überzufällig dann, wenn es den Müttern relativ gut geht oder wenn die Geburt von Jungen für die Mütter, die sie zur Welt bringen, die Aussicht birgt, dass es ihnen dadurch besser gehen wird.

Es hätte schlimmer kommen können: bizarre Vertreter des männlichen Geschlechts

Von Anfang an hatten die Vertreter des männlichen Geschlechts mit drei schwerwiegenden Problemen zu kämpfen, die ihren weiteren Werdegang bestimmten. Erstens wird von ihnen im Grunde genommen nur sehr wenig gebraucht, jedenfalls um Nachkommen zu zeugen. Eigentlich nur ein einziger Zellkern. Der Rest ist überflüssiges Beiwerk. Der ganze Mann dient, wenn man es mit nackten biologischen Augen betrachtet, nur dazu, dem Zellkern eines einzelnen eigenen Spermiums dazu zu verhelfen, dass er im rechten Augenblick als Erster am richtigen Ort ankommt: in der Eizelle eines Weibchens. Alles weitere funktioniert dann auch ohne Mann, jedenfalls im Prinzip. Das wäre noch auszuhalten.

Schlimmer ist das zweite Problem: Es gibt noch eine ganze Menge anderer Männer, denen es genauso geht. Von denen auch nicht mehr als ein einzelner Zellkeim für die Befruchtung einer Eizelle gebraucht wird. Leider gibt es aber nicht beliebig viele empfängnisbereite Frauen mit befruchtungsfähigen Eizellen. Manche sind schon schwanger, andere wollen nicht schwanger werden und wieder andere haben gerade keinen Eisprung. Und wenn sie einen haben, sind die meisten von ihnen recht wählerisch und lassen sich nicht von jedem Mann schwängern.

Daraus erwächst dann das dritte und wohl schwierigste Problem, das den Männern zu schaffen macht: Sie müssen besser sein als all die anderen und den Wettbewerb um die begrenzten Ressourcen befruchtungsfähiger Eizellen und empfängnisbereiter Frauen gewinnen, vor allen anderen. Sonst sind sie als

Überlieferer einer Bauanleitung für die Nachkommen überflüssig, jedenfalls biologisch betrachtet. Wenn sie sterben, bleibt nichts von ihnen übrig. Das ist eine ziemlich frustrierende Vorstellung.

Nun sind wir Männer aber die einzigen männlichen Wesen, die so weit denken können. Deshalb versuchen wir unser Bestes, um diese Vorstellung unserer eigenen Nutzlosigkeit tapfer zu verdrängen und abzuspalten, sie zu kompensieren oder sie einfach nicht bis in unser Bewusstsein vordringen zu lassen. Damit handeln wir uns dann zwangsläufig eine ganze Reihe weiterer Probleme ein. Die vielfältigen Meisterleistungen, die Männer bis heute überall auf der Welt vollbringen, um diese Probleme zu lösen, schauen wir uns später noch etwas genauer an.

Im Moment ist es schon aufschlussreich genug, wenn wir der Frage noch etwas weiter nachgehen, wie unsere männlichen Geschlechtsgenossen im Tierreich mit dem Problem der eigenen Nutzlosigkeit im Fall mangelnder Nachkommenschaft umgehen, das sie – man möchte fast sagen: zu ihrem Glück – noch gar nicht erkennen können.

Auf männliche Konkurrenz und die Allüren weiblicher Auswahlkriterien reagieren sie instinktiv mit der Aktivierung angeborener Verhaltensreaktionen. Diese bei der Partnerwahl, der Begattung und ggf. auch bei der Brutpflege ablaufenden Verhaltensmuster sind zum Teil recht bizarr, aber sie funktionieren, jedenfalls im Prinzip, sonst wären ja schon ihre Väter mitsamt ihren für die Reproduktion unzweckmäßigen Programmen längst ausgestorben. Selektion nennt man das seit Darwin, und was dabei bis heute herausgekommen ist, sind die männlichen Vertreter der verschiedenen Arten, die gegenwärtig die Erde bevölkern.

Ein besonders ausgefeiltes Werbeverhalten vollführen beispielsweise die Hähne des Gelbbandgärtners, eines Laubenvogels aus Neuguinea. Wie alle Laubenvögel baut auch dieser Gelbbandgärtner eine kunstvolle Laube aus Zweigen und Blättern, um ein Weibchen dazu zu verführen, sich mit ihm einzulassen. Das herbeigelockte Weibchen schaut sich dann die Laube sehr genau an, und wenn ihr die Architektur und die Innenausstattung gefallen, paart es sich mit dem jeweiligen Erbauer. Das Besondere an den Gelbbandgärtnerhähnen ist es, dass sie ihre

Lauben mit einem sehr attraktiven, aber schwer zu beschaffenden Federschmuck dekorieren. Sie benötigen dazu bei der Mauser herausgefallene Schmuckfedern eines Paradiesvogels, der Wimpelträger heißt. Diese Federn sind sehr lang, sie wachsen je eine oberhalb der Augen und sehen aus wie eine tibetanische Gebetsstange, verziert mit Dutzenden quadratischer blauer Wimpel. Dem Paradiesvogelhahn wachsen diese zwei Federn erst im vierten Lebensjahr, und er verliert sie auch nur einmal im Jahr bei der Mauser. Es ist also kein einfacher Job für die Gelbbandgärtnermännchen, diese Schmuckstücke für ihre Lauben aufzutreiben, zumal die Männer der dort wohnenden menschlichen Eingeborenen auch ganz scharf auf diese Schmuckfedern sind. Und wenn so ein Gelbbandgärtner eine solche Feder ergattert und in seiner Laube aufgestellt hat, muss er anschließend die ganze Zeit aufpassen, dass sie ihm keiner klaut. Ein Weibchen, das sich mit so einem Männchen verpaart, kann ziemlich sicher sein, dass ihr Auserwählter nicht nur sehr fit ist, sondern auch in der Lage sein wird, rare Güter aufzustöbern oder zu stehlen und diesen Besitz tapfer gegen Diebe zu verteidigen. Aber jeder dieser sich so emsig um eine schmucke Laube bemühenden Gelbbandgärtner kann angesichts dessen, was den Männchen anderer Tierarten beim Versuch, ein Weibchen zu ergattern, so alles passieren kann, nur froh sein, dass er so glimpflich davongekommen ist.

Als Spinnenmännchen wäre er nämlich nach der Begattung gleich mit Haut und Haar von der Angebeteten aufgefressen worden. Diesem Schicksal hätte er nur entkommen können, indem er der Angebeteten vor der Verpaarung ein Geschenk in Form einer selbst gefangenen Fliege vorgelegt und sich anschließend schleunigst davongemacht hätte, solange sie noch mit deren Verzehr beschäftigt war.

Bienenmänner, also die Drohnen, können ihrerseits wieder die Spinnenmännchen nur beneiden. Wenn die Königin sich auf ihren Hochzeitsfang macht, müssen sie kilometerweit hinter ihr her senkrecht in die Höhe. Die meisten Drohnen machen dabei unterwegs schon schlapp. Der glückliche Drohn, der ihr bis in diese luftigen Höhen zu folgen vermag, darf sich dann mit ihr verpaaren. Dabei wird aber in seinem Begattungsorgan ein Mechanismus in Gang gesetzt, der seinen ganzen Hinterleib zur

Explosion und den Drohn damit unweigerlich zu Tode bringt. Bei vielen anderen Insekten geht es beim Geschlechtsverkehr ähnlich rabiat für die Männchen zu.

Im Vergleich dazu haben die männlichen Vertreter der Wirbeltiere ein weitaus besseres Schicksal – etwa die in der Tiefsee lebenden Anglerfische. Sie sind zu Anhängseln ihrer Gattinnen geschrumpft, die ihr Männchen nun wie eine kleine Antenne am Kopf umhertragen und nur zum Zweck der Verpaarung einmal kurz freilassen.

Das andere Extrem findet sich bei den Seepferdchen. Hier übernehmen die Männchen alles, was sonst die Weibchen machen. Sie besitzen eine Bauchtasche, die sie ihren Weibchen bei der Verpaarung vorzeigen. Nach komplizierten Balzspielen schlingen die Partner ihre Schwänze umeinander und pressen die Bäuche aneinander. Dabei drückt das Weibchen über eine Legeröhre ihre Eier in den Brutbeutel des Männchens, wo er sie mit einem Spermienstoß befruchtet. Anschließend macht sich das Weibchen auf Nimmerwiedersehen davon, und das Männchen brütet die Eier aus. Bei der »Geburt« muss es sich ziemlich anstrengen. Durch heftiges Pressen platzt irgendwann die Membran über der Bruttasche und die kleinen Seepferdchen werden ausgestoßen. Diese Art von Rollentausch praktizieren auch manche Vögel.

Bei den Säugetieren ist es eher der mit allen Mitteln unter den Männchen ausgetragene Wettbewerb und bisweilen sogar lebensgefährliche Kampf, der den Männchen zu schaffen macht und bei ihnen zur Herausbildung ebenso hinderlicher Körperanhänge wie Furcht einflößender Mordinstrumente und Verhaltensweisen geführt hat.

Angesichts der Vielfalt an Formen, die Männer im Lauf der Evolution herausgebildet haben, um den Weibchen zu gefallen, bleibt für unser Kursbuch nur eine Erkenntnis eintragenswert:

Männer sind bereit, alles auf sich zu nehmen und sich zu allem Möglichen zu entwickeln, wenn es nur dazu geeignet ist, eine passende Frau zu erobern.

Auf der Suche nach dem Sinn:
Wozu sind Männer gut?

Jeder Mann hat zwei Möglichkeiten, sein Leben zu leben: Er kann einerseits versuchen, sich selbst zu verstehen, also zu ergründen, weshalb er so geworden ist, wie er ist, weshalb er so denkt, so fühlt und so handelt, wie er das in bestimmten Situationen oder generell eben tut. Dieser Weg führt ihn im Lauf dieses Lebens mit einer gewissen Wahrscheinlichkeit dazu, sich selbst immer besser zu erkennen und sein Leben aus dieser Erkenntnis heraus bewusster zu gestalten.

Andererseits hat jeder Mann aber ebenso die Möglichkeit, einfach so zu leben, wie es sich ergibt und aus allem, was ihm im Leben begegnet, das Beste für sich zu machen. Diese Strategie hat den Vorteil, dass sie keine eigene Entscheidung erforderlich macht. Dass man einfach so leben kann, wie es sich ergibt, entdeckt man schon als Junge, und diese einmal eingeschlagene Strategie verfolgen die meisten Männer dann auch fast wie Automaten weiterhin in ihrem späteren Leben.

So ein Mann zu werden, ist keine Kunst. Das geschieht ganz von allein, indem man einfach die Denkstrukturen, Gefühls- und Verhaltensmuster derjenigen Männer übernimmt, mit denen man aufwächst. Und die meisten dieser Männer haben sich eben auch noch nie gefragt, weshalb sie so denken, fühlen und handeln, wie sie das tagtäglich tun.

Bei unseren Geschlechtsgenossen unter den Tieren, die ein weitaus weniger lernfähiges Gehirn besitzen, wird das Verhalten von neuronalen Verschaltungsmustern bestimmt, die weniger durch eigene Erfahrungen mit solchen Orientierung bietenden Vorbildern, sondern durch die Wirkung genetischer Programme während der Hirnentwicklung herausgeformt worden sind.

Der Vorteil dieses Verfahrens liegt auf der Hand: Es funktioniert immer, und als männliches Wesen funktioniert man dann auch immer so, wie es für die Arterhaltung notwendig ist. Männliche Tiere wissen deshalb instinktiv, worauf es für sie im Leben ankommt, wie sie sich zu verhalten haben. Sie laufen nicht Gefahr, den falschen Vorbildern nachzurennen, und sie haben keinen Grund und hirntechnisch auch keine Möglichkeit, sich selbst zu fragen, ob sie mit dem, was sie tun, richtig liegen.

Es ist nicht so leicht, ein erfolgreiches Männchen zu sein

Ein typischer Vertreter dieser Art von Männern ist der australische Buschhahn. Wenn ihm die Hormone in den Kopf schießen, weil die Zeit für die Brautschau und Begattung gekommen ist, schüttet jedes Männchen einen gewaltigen Hügel aus zwei Tonnen Blättern, Zweigen, Erde und Sand auf. Diese Buschhähne sind die besten Komposthaufenbauer der Welt. Ihr Hügel hat immer genau die richtige Größe, Form und Zusammensetzung, um in seinem Inneren exakt die Temperatur zu erzeugen, die für die Bebrütung der Eier eines Buschhuhns gebraucht wird. Die Hennen suchen sich die besten Hügel dieser Hähne aus, paaren sich mit dem fleißigen Erbauer, legen ihre Eier hinein und verschwinden. Nach dem Schlupf wühlen sich die Jungen zur Oberfläche des Hügels durch und verlassen ihn, bereit für sich selbst zu sorgen. Im nächsten Jahr sind die Buschhähne ausgewachsen und kratzen dann selbst wieder genau so einen gewaltigen Komposthaufen zusammen.

Wenn das Weibchen schon von einem anderen Komposthaufenbauer schwanger ist, bekommt der jeweilige Hügelbauer davon ebenso wenig mit, wie seine Väter so etwas ihrerseits je mitbekommen haben. Und wenn ein Hahn zu faul ist, einen eigenen Komposthaufen zu bauen, kann er auch einen anderen Buschhahn von seinem Haufen vertreiben, ihm also seinen Haufen stehlen. Das merken die Weibchen auch nicht. Hauptsache der Komposthaufen ist groß genug. Ob sie sich mit einem besonders guten Haufenbauer oder mit einem besonders cleveren Dieb verpaart haben, ist ihnen egal. Beides kann für die aus dieser Verbindung hervorgehenden Buschhähne der nächsten Generation vorteilhaft sein. Wenn das Material für diese

Komposthaufen irgendwann knapp wird, gewinnen eben die besten Diebe das Rennen und geben ihre besonderen Talente und die diesen Talenten zugrunde liegenden genetischen Anlagen an ihre Nachkommen weiter.

Die Vertreter des männlichen Geschlechts haben schon im Tierreich so ziemlich alles ausprobiert und ausgeschöpft, sind immer wieder bis an die Grenzen ihrer Möglichkeiten gegangen, um ihre jeweiligen Weibchen möglichst tief zu beeindrucken und alle Konkurrenten möglichst effektiv aus dem Feld zu schlagen oder auf geschickte Weise auszubooten. Nur wer das schaffte, hatte eine Chance, seine genetischen Anlagen an eigene Nachkommen weiterzugeben. Alle anderen sind ohne genetische Hinterlassenschaft weggestorben. Die besonderen Anlagen der erfolgreichen Männchen wurden im Zuge der Rekombination dann mehr oder weniger zufällig mit denen der Weibchen vermischt und auf diese Weise eben nicht nur an männliche, sondern auch an weibliche Nachkommen überliefert. Wenn aus diesen Weibchen durch eine andere Verteilung der Geschlechtschromosomen Männchen geworden wären, hätten sie dann auch diese besondere, von ihren Vätern geerbte Begabung zur Entfaltung bringen können. Dann wären aus ihnen ebenso fleißige Haufenbauer, geschickte Diebe, schmuck herausgeputzte Pfauen, todesmutige Kämpfer oder bezaubernde Sänger geworden. Das genetische Potenzial dazu haben sie von ihren jeweiligen Vätern geerbt, auch wenn es nicht von ihnen selbst, sondern erst wieder von ihren Söhnen exprimiert wird. So leben also die genetischen Anlagen all jener Männer, die sie in die Lage versetzt hatten, bestimmte Merkmale auszubilden, Fähigkeiten zu entwickeln und Leistungen zu erbringen und auf diese Weise ein Weibchen zu erobern, sich mit ihnen zu verpaaren und die Jungen großzuziehen, in ihren Nachkommen fort.

Kein Wunder also, dass es auch heutzutage unter uns Männern genügend Vertreter gibt, die noch genauso unterwegs sind wie ihre Erzeuger: als geschickte Verführer, als emsige Häuslebauer, als auffällig herausgeputzte Pfauen, als großartige Tänzer, Sänger oder bewundernswerte Köche, als besonders geschickte oder besonders ausdauernde Sportler, als Kraftprotze, als clevere Betrüger, als mutige Abenteurer, als geheimnisvolle Schweiger oder als intellektuelle Schwätzer. Männer sind in der Lage, aus ihren jeweiligen besonderen genetischen Anlagen alle möglichen Fähigkeiten zu entwickeln und vorzuführen, solange es Frauen gibt, die Männer mit genau diesen Fähigkeiten so attraktiv finden, dass sie sich in einen solchen Mann verlieben, sich mit ihm verbinden und über kurz oder lang, gewollt oder ungewollt Kinder aus dieser Verbindung hervorgehen.

Mit Hilfe von DNA-Analysen haben die Molekularbiologen inzwischen nachweisen können, was auch für uns Menschen zu befürchten war: Bei weitem nicht jeder, sondern im Durchschnitt nur jeder dritte Mann ist im Lauf unserer eigenen Entwicklungsgeschichte reproduktiv erfolgreich gewesen. Die heutige Menschheit stammt von doppelt so vielen Frauen wie Männern ab. Manche Männer hatten sehr viele Kinder, aber viele hatten auch gar keine. In Bezug auf unsere genetischen Anlagen tragen wir Männer, ebenso wie die Frauen, heute also noch immer das weiter, was diese wenigen reproduktiv erfolgreichen Männer eingebracht haben. Was wir heute sind, verdanken wir also in besonderem Maß ihnen, den »Winnern«, nicht den »Losern«.

Das jedenfalls müsste man vermuten, wenn es wirklich nur die genetischen Anlagen wären, die ausschlaggebend für den Reproduktionserfolg von Männern sind. Aber was für die Tiere noch weitgehend stimmen mag, trifft nicht automatisch auf uns zu. Ob und in welcher Weise es nämlich einem kleinen Jungen (oder auch einem kleinen Mädchen) gelingt, diese besonderen Anlagen auch wirklich zur Entfaltung zu bringen, hängt bei uns – im Vergleich zu allen mit einem weniger lernfähigen Gehirn ausgestatteten Tieren – nicht so sehr von den mitgebrachten genetischen Anlagen, sondern von den jeweils vorgefundenen Möglichkeiten zur Entfaltung dieser Anlagen ab: vom körperlichen und emotionalen Zustand der Mutter während der Schwangerschaft, von den Möglichkeiten, die basalen körperlichen und psychoemotionalen Bedürfnisse ihres Kindes nach der Geburt zu stillen, von den soziokulturellen Rahmenbedingungen, in die er in einer bestimmten Gemeinschaft zu einer bestimmten Zeit vorfindet. All das hat wenig mit unseren genetischen Anlagen, aber sehr viel mit der Kultur zu tun, in die Kinder, Jungen wie Mädchen, hineinwachsen, oft auch hineinzuwachsen gezwungen sind.

Im Verlauf unserer bisherigen Geschichte waren die Chancen, Nachkommen zu haben, für Männer im Durchschnitt immer schlechter als für Frauen. Und wer als Mann nichts riskierte, wer nicht durch besondere Leistungen zu besonderem Ansehen gelangte oder sich mit nackter Brutalität Macht über Frauen verschaffte, wer in erster Linie auf seine eigene Sicherheit und ein bequemes Leben bedacht war, hatte geringe Aussichten, Kinder zu zeugen. Die erfolgreichen Abenteurer, Eroberer, Kaufleute, Entdecker und Erfinder, auch die größeren Angeber, Schwindler und Diebe hatten seit jeher bessere Chancen.

Das waren die Welt und die Männerkultur, in die kleine Jungen hineinwuchsen, in der sie zu Männern (gemacht) wurden, zu solchen Männern, die Risiken eingingen, Neues ausprobierten und bereit waren, ihr Leben aufs Spiel zu setzen, wenn es ihnen nur eines versprach: Bedeutung zu erlangen, Ansehen und Wertschätzung oder wenigstens Bewunderung, Macht und Reichtum. Deshalb definieren sich Männer bis heute noch immer viel stärker als Frauen über irgendwelche besonderen Leistungen, die sie vollbringen.

Und indem sie schon als kleine Jungen versuchen, etwas Besonderes zu sein oder etwas Besonderes zu leisten, nutzen sie ihr Gehirn auf eine besondere Weise. An diese besondere Art der Nutzung passt sich ihr Gehirn dann immer besser an, bis sie eben am Ende als erwachsener Mann damit kaum noch etwas anderes zu denken, zu fühlen, zu tun imstande sind.

Und damit leisten sie ja auch immer wieder etwas Besonderes: Sie steigen als Erste auf die höchsten Berge (und kommen dabei nicht selten um), sie bauen Schiffe und entdecken damit unbekannte Kontinente (und kehren dabei oft nie wieder zurück), sie machen sich zu Fuß auf den Weg zum Nord- oder Südpol (wobei viele erfrieren), sie bauen Flugzeuge und erheben sich in die Lüfte (auch wenn viele dabei wieder abstürzen), sie ziehen in Kriege und erobern andere Länder (und erleiden dabei bittere Niederlagen, ganz abgesehen von dem Leid, das sie dabei verursachen), sie sitzen ein Leben lang in Studierstuben herum und versuchen die Rätsel der Welt zu lösen (und vergessen dabei alles andere, sogar ihre Frauen und Kinder). Und indem die Männer auf dieser Suche nach Bedeutung bis in die letzten Ecken und Enden sowohl der realen wie auch der geistigen Welt vordringen, erschließen sie diese Welt auch bis in die letzten Ecken und Winkel. Damit leisten sie einen entscheidenden Beitrag für die technische, ökonomische, militärische, geistige, also im weitesten Sinne kulturelle Entwicklung – nicht nur für sich selbst, sondern für alle anderen Menschen, auch für die Frauen und die Kinder wie überhaupt für alle Nachgeborenen. Männer erweitern das Spektrum menschlicher Entwicklungsmöglichkeiten, auch dann, wenn mancher dieser Männer dabei auf der Strecke bleibt, entweder weil er umkommt oder vor lauter Begeisterung über sein bedeutsames Tun vergisst, sich um seine eigene Reproduktion zu kümmern.

Jede Kultur braucht solche, die das Mögliche ausloten, diese extrem risikofreudigen Männer, und sie belohnt sie für ihre Aufopferungsbereitschaft mit Ruhm und Ehre.

Dabei geht sie offenbar nach einer relativ einfachen, pragmatischen Kosten-Nutzen-Rechnung vor: Wenn etwas Gefährliches, Unangenehmes oder Schmutziges getan werden muss, dann wird derjenige dafür belohnt, der diese Aufgabe übernimmt. Da eine Kultur aber alle Mütter braucht, Männer jedoch entbehrlicher sind, tendieren die meisten Kulturen dazu, ihre Männer für solche mit hohen Kosten und hohem Nutzen einhergehenden Jobs einzuladen, zu ermutigen, zu inspirieren. Als Folge dieser Strategie können sich einige Männer gewaltige Vorteile verschaffen, währenddessen viele andere dabei ihr Leben ruinieren.

Zum Ende dieses traurigen Kapitels bleibt uns nur dieser sehr bedenkenswerte Eintrag in unser Kursbuch:

Was uns Männer also für unsere Kultur nützlich macht, ist unsere Entbehrlichkeit.

Männer sind ausgerechnet dort entbehrlich, wo sie sich für unentbehrlich halten

Angesichts dieses enormen Aufwands, den die Vertreter des männlichen Geschlechts im gesamten Tierreich bis hin zu uns Menschen treiben, um sich fortzupflanzen, liegt die Vermutung nahe, dass die Differenzierung in ein männliches und ein weibliches Geschlecht und damit auch die sexuelle Vereinigung nur einem einzigen Zweck dienen kann: der Fortpflanzung.

Aber diese Vermutung ist leider falsch. Fortpflanzung funktioniert auch ganz wunderbar ohne all diese Anstrengungen und Verwicklungen, sogar ohne Sexualität. Bei uns geht das zwar nicht mehr bzw. nur unter Zuhilfenahme der technischen Tricks der Reproduktionsmedizin. Aber bei den etwas einfacheren, älteren Lebensformen ist die ungeschlechtliche Fortpflanzung weit verbreitet. Und sie funktioniert problemlos – ganz ohne Männer (und Frauen).

Einzeller zweiteilen sich. Weidenbäume wachsen aus Stecklingen. Der Löwenzahn produziert Samen, die aus dem Erbgut der Mutterpflanze geklont sind. Jungfräuliche Blattwespen gebären jungfräuliche Nachkommen, die bereits mit weiteren Jungfrauen schwanger sind. Und Blattläuse, Muschelkrebse, bestimmte Fische und sogar noch manche Eidechsenarten pflanzen sich zumindest zeitweise ganz ohne Männer erfolgreich fort.

Ob es uns nun recht ist oder nicht, wir kommen um diesen Eintrag in unserem Kursbuch einfach nicht herum:

Zur Fortpflanzung werden Männer nicht unbedingt gebraucht.

Aber es kommt gleich noch schlimmer.

Es mag ja sein, dass die bloße Vermehrung auch ohne Männer funktioniert. Aber überall dort, wo eine sexuelle Begegnung stattfindet und wo es zu einem sexuellen Austausch kommt, müssen ja doch zwei Geschlechter existieren und da – so sollte man meinen – wären Männer dann doch irgendwie notwendig. Aber diese Vermutung ist leider auch falsch.

Die Tatsache, dass es eine geschlechtliche Fortpflanzung gibt, setzt nämlich nicht notwendigerweise die Existenz verschiedener Geschlechter voraus, schon gar nicht von zwei Geschlechtern, geschweige denn von zwei Geschlechtern, die so verschieden sind wie Männer und Frauen.

Viele Pilze pflanzen sich erfolgreich fort, ohne jemals männliche Organismen zu entwickeln. Bei ihnen gibt es Tausende von verschiedenen Geschlechtern, die alle gleich aussehen, alle zur

Paarung miteinander fähig sind, nur nicht zur Paarung mit dem gleichen Geschlecht.

Und im Tierreich gibt es viele Vertreter, die als Hermaphroditen leben, also als Zwitter, etwa die Regenwürmer. Da ist jeder Wurm Mann und Frau zugleich.

Die sexuelle Fortpflanzung mit nur zwei Geschlechtern hat auf den ersten Blick sogar beträchtliche Nachteile, denn sie bedeutet, dass ja nur die Hälfte aller Artgenossen, die man trifft, als Paarungspartner in Frage kommen. Wären wir Zwitter, wäre jeder ein möglicher Partner. Verfügten wir über zehntausend Geschlechter wie jeder gewöhnliche Giftpilz, dann träfen wir bei fast jeder Begegnung auf einen, mit dem wir uns verpaaren könnten.

Damit ist auch diese Hoffnung dahin, und wir können in unserem Kursbuch festhalten:

Sogar der Sex funktioniert ganz gut auch ohne Männer.

Aber ganz ohne Sexualität, also ohne den sexuellen Austausch von genetischem Material zwischen Individuen derselben Art, scheint es letztlich doch nicht zu gehen. So stellt sich die Frage, wozu eigentlich der Sex gut ist. Wenn man sich in der belebten Welt ein wenig umsieht, stellt man schnell fest, dass es zwei verschiedene Arten von Sex gibt: Konjugationssex und Fusionssex.

Beim Konjugationssex bilden die Sexualpartner nur eine schlauchförmige Verbindung zwischen zwei Zellen, durch die Gene hindurchtransportiert und miteinander ausgetauscht werden. Dabei kommt es nicht zu einer Verschmelzung der beiden Zellen. Die wäre auch sehr problematisch, weil die verschiedenen Zellbestandteile und Zellorganellen sehr gut in jeder Zelle organisiert sind und diese innere Ordnung bei einer derartigen Verschmelzung schwer gestört würde. Deshalb gibt es bei solchen Arten, die Konjugationssex treiben – etwa bei den Wimpertierchen oder den Pilzen –, jede Menge verschiedene Geschlechter. Sie tauschen nur genetisches Material aus, verschmelzen aber nicht.

Beim Fusionssex aber verschmelzen zwei Zellen. Das funktioniert jedoch nur dann, wenn eine der beiden Zellen ihre zellulären Bestandteile vorher abstößt. Das machen die männlichen Gameten. Als männlich wird demzufolge immer das Geschlecht definiert, das Spermien oder Pollen produziert, also kleine bewegliche, von den meisten Zellbestandteilen befreite Gameten. Das weibliche Geschlecht erzeugt hingegen wenige große, unbewegliche Gameten, die noch komplette Zellen sind.

Ein Spermium besteht eigentlich nur noch aus einem Zellkern und einem Propellerschwanz mit einer Ladung Mitochondrien, die für die Energiebereitstellung zum Antrieb des Propellers gebraucht werden. Propeller und Energiemotoren werden abgeworfen, wenn das Spermium in die Eizelle eindringt, es bleibt dann nur noch der Kern übrig.

Das ist ja immerhin ein Lichtblick. Zumindest diese spezielle Art von sexueller Vereinigung der Erbanlagen funktioniert offenbar nicht ohne Männer.

Aber die Frage, weshalb es diese Sexualität nun gibt, wofür sie gut ist und unter welchen Umständen solche sexuellen Austauschprozesse – und damit auch die Vertreter des männlichen Geschlechts – wichtig sind, ist damit freilich noch nicht beantwortet. Um das herauszufinden, müssen wir uns näher anschauen, unter welchen Bedingungen Pflanzen oder Tiere von der asexuellen zur sexuellen Vermehrung umschalten.

Gras zum Beispiel breitet sich lokal durch asexuelle Wurzelausläufer aus, Neuland aber besiedelt es durch seine dem Wind anvertrauten, sexuell gebildeten Samenkörner. Wenn die Nachkommen also weit reisen müssen, ist es besser, sie sind nicht alle gleich, denn anderswo ist es meist nicht so wie zu Hause. Asexuelle Fortpflanzung ist wie eine Lotterie, bei der auf allen Loszetteln die gleiche Zahl steht. Wenn die falsche Zahl gezogen wird, sind alle Lose Nieten. Durch sexuelle Fortpflanzung entsteht eine größere Vielfalt an Losnummern. Wenn eine hohe Wahrscheinlichkeiten dafür besteht, dass die Nachkommen unter veränderten Bedingungen zurechtkommen müssen, ist sexuelle Fortpflanzung von Vorteil, dann ist unter den vielen Nieten vielleicht ein Hauptgewinn. Und wenn Sexualität also Vielfalt erzeugt, dann ist das Umschalten auf den sexuellen Vermehrungsmodus auch dann sinnvoll, wenn die Populationsdichte mit dem Nahrungsangebot kollidiert. Das kann man sehr gut in Kolonien von Blattläusen, Wasserflöhen und Rädertierchen beobachten, die sich so stark vermehrt haben, dass es nicht mehr für alle genug zu fressen gibt. Dann kommen diejenigen, die etwas anders sind, vielleicht doch noch etwas besser mit den begrenzten Ressourcen zurecht. Aber anders werden sie nur durch eine sexuelle Verschmelzung.

Schließlich, und das scheint bei allen höheren Tieren eine besondere Bedeutung zu besitzen, erzeugt die sexuelle Fortpflanzung auch eine größere Variabilität der »Türen« und »Schlösser«, die Parasiten vor allem als Krankheitserreger in Form von Bakterien und Viren benutzen, um in ihre Wirte einzudringen.

Ein Parasit mit dem richtigen Schlüssel kann eine sich asexuell vermehrende Art binnen Kurzem auslöschen, eine Art mit sexueller Fortpflanzung jedoch nicht, weil sie durch die sexuelle Rekombination immer wieder Formen mit etwas anderen »Türen« und »Schlössern« hervorbringt, zu denen die »Schlüssel« der Parasiten zumindest eine Zeitlang noch nicht so recht passen.

Da aber die Wirte, wenn sie Genmaterial durch sexuelle Fortpflanzung austauschen, auch all jene Gene bewahren, die im Augenblick nichts taugen, können sie dann, wenn es den Parasiten durch Mutationen gelungen ist, sich an die neuen Schlösser ihrer Wirte anzupassen, einfach wieder auf die alten Bauanleitungen zurückgreifen.

So können wir also in unserem Kursbuch festhalten:

Fortpflanzung funktioniert ganz gut auch ohne Sex, und für sexuellen Austausch werden Männer auch nicht unbedingt gebraucht. Aber wenn es schwierig wird, weil es nicht genug zu fressen gibt oder weil sich die Lebenswelt zu schnell verändert oder weil Gefahren und Feinde drohen, dann geht es nur noch weiter, wenn es Männer für die sexuelle Vermehrung gibt.

Trotz alledem: Wenn es keine Männer gäbe, müssten sie erfunden werden

Das ist schon eigenartig: Da denkt man, es sei doch völlig klar, dass es deshalb zwei Geschlechter gibt, damit sie miteinander Sex haben und Nachkommen zeugen. Aus welchem anderen Grund sollten die meisten männlichen Tiere und wir selbst denn einen derartigen Aufwand treiben, um ein oder möglichst sogar mehrere Weibchen zu erobern, für Nachwuchs zu sorgen und auf diese Weise zumindest unsere eigenen genetischen Anlagen an die nachfolgende Generation weitergeben zu können? Und in der Tat scheuen die Vertreter des männlichen Geschlechts ja auch kein Risiko, sind sogar bereit, ihr Leben aufs Spiel zu setzen oder sich mit ihrem abstrusen Balzverhalten lächerlich zu machen, wenn es darum geht, ein attraktives Weibchen zu erobern. Bei beiden Geschlechtern sind der Sexualhormonhaushalt und die im Gehirn für die Steuerung des Paarungsverhaltens zuständigen neuronalen Verschaltungsmuster so gut aufeinander abgestimmt, dass es, wenn es dazu kommt, normalerweise auch mit der Zeugung des Nachwuchses klappt. Mann und Frau scheinen also genau so, wie sie sind, für die sexuelle Fortpflanzung gemacht zu sein.

Und nun das: Sex funktioniert auch ohne Männer und auch für die Fortpflanzung werden sie nicht unbedingt gebraucht. Das passt doch nicht zusammen. Spätestens jetzt beginnt man zu ahnen, dass da irgendetwas nicht stimmen kann.

So ähnlich muss es Albert Einstein damals auch gegangen sein, als er auf die Idee kam, dass die alten Vorstellungen der Newton'schen Physik nur geeignet waren, um die alltäglichen, sich hier auf unserer Erde abspielenden physikalischen Phänomene zu erklären. Plötzlich fiel es ihm wie Schuppen von den Augen, dass der alte Newton sich diese physikalischen Formeln nur ausgedacht hatte, um zu beschreiben, was sich hier auf der Erde von jedermann beobachten ließ. Sobald man aber das Fenster etwas weiter aufmachte und in die makroskopischen, kosmischen und in die mikroskopischen, subatomaren Bereiche vorzustoßen begann, stimmte nichts mehr. Da erwies sich das, was man bisher für das Selbstverständlichste auf der Welt gehalten hatte, als ein nur unter ganz bestimmten Bedingungen gültiger Sonderfall.

Wie wäre es, wenn genau das auch für unsere gegenwärtigen Vorstellungen und Theorien über Sexualität, Fortpflanzung und die Rolle des männlichen Geschlechts für die biologische Evolution zuträfe?

Vielleicht sieht es aus unserer Perspektive nur vordergründig so aus, als seien Männer dazu da, ihre Gene möglichst effizient in die nächste Generation zu bringen, indem sie möglichst viele reproduktionsfähige Nachkommen erzeugen. Vielleicht verbirgt sich hinter all diesen so augenscheinlich auf Sex, Zeugungskraft und Reproduktion ausgerichteten Verhaltensweisen und Strategien der Männer ein ganz anderes, viel allgemeineres und für die Evolution des Lebendigen weitaus bedeutsameres Prinzip, so etwas wie eine »Allgemeine Relativitätstheorie des Männlichen«. Wir können ja einfach einmal versuchen, das herauszufinden.

Am besten fangen wir dazu wieder ganz unten an, dort, wo es noch gar keine richtigen Männer gibt, bei den Pantoffeltierchen. Was sie uns mit ihrem Treiben im Wasserglas vorführen, ist ja im Grunde nichts anderes als die von ihnen gefundene Lösung für ein Dilemma, mit dem alle Lebewesen konfrontiert sind: Alle Lebensformen, die einfachen ebenso wie die komplexeren, können nur überleben und überlebensfähige Nachkommen hervorbringen, wenn es ihnen gelingt, sicherzustellen, dass sie so bleiben, wie sie sind. Dazu müssen sie all das bewahren, was sie bereits in Form genetischer Programme und der für die Entfaltung dieses genetischen Potenzials erforderlichen Rahmenbedingungen entwickelt haben. Das alles hat schließlich bisher dazu beigetragen, ihr Überleben zu sichern. Gleichzeitig müssen sie sich aber auch verändern, müssen Änderungen ihrer genetischen Anlagen und der für die Entfaltung dieser Anlagen erforderlichen Rahmenbedingungen ermöglichen oder sogar aktiv herbeiführen, damit sie auch in einer sich zwangsläufig ständig verändernden Lebenswelt weiter überleben können. Sonst wäre ihnen weder eine Anpassung an neue Lebensräume noch irgendeine Weiterentwicklung möglich. Das Leben bzw. die betreffende Lebensform würde stagnieren und – sobald sich die bisher herrschenden Lebensbedingungen zu stark verändern – aussterben. Wie wir schon bei den Pantoffeltierchen gesehen haben, ist die Veränderung dieser jeweiligen Lebensbedingungen unvermeidlich. Primär werden solche Veränderungen sogar durch die betreffende Lebensform selbst erzeugt – durch ihre eigene Aktivität, durch Wachstum und Vermehrung. Hinzu kommen noch andere Lebensformen, die auch leben wollen, die ähnliche Nahrungsquellen und Lebensräume brauchen, die ebenfalls wachsen und sich vermehren.

Alles, was lebt, steht also vor dem gleichen Dilemma: Es muss einen Weg finden, der es ihm erlaubt, einerseits so zu bleiben, wie es ist, damit es leben kann, und der es andererseits dennoch ermöglicht, sich zu verändern, sich an neue Gegebenheiten anzupassen und sich weiterzuentwickeln. Die ursprünglichste und einfachste Lösung dieses Dilemmas können wir bei all jenen Lebensformen beobachten, die auch noch als Vielzeller genau das machen, was schon die Einzeller erfunden haben: Sie erzeugen identische Kopien ihrer Selbst durch vegetative Vermehrung und fügen Phasen ein, in denen sie genetisches Material in einer sexuellen Begegnung zwischen zwei unterschiedlichen Individuen austauschen und Nachkommen erzeugen, die zumindest etwas anders sind als sie selbst.

Die zweite, etwas kompliziertere und ebenfalls schon sehr früh gefundene Lösung für das Dilemma des Lebendigen besteht in der Herausformung von Individuen derselben Art mit unterschiedlichen Geschlechtern. Bei den Pilzen sind das noch mehrere, die meisten Pflanzen und Tiere haben aber einen Weg beschritten, der bei jeder Art nur noch zur Herausbildung von Individuen entweder männlichen oder weiblichen Geschlechts führte. Festgelegt wird das jeweilige Geschlecht dann entweder von außen durch bestimmte äußere Lebensumstände oder durch von den Eltern, meist den Müttern, gestaltete spezifische Aufzuchtbedingungen für die Nachkommen – oder von innen durch bestimmte Kombinationen von Geschlechtschromosomen. Auch die naheliegende Lösung, die Individuen einer Art mit zwei Geschlechtlichkeiten auszustatten, die sich dann als Zwitter oder Hermaphroditen wechselseitig befruchten, ist im Lauf der Evolution des Lebendigen von einigen Lebensformen gefunden worden. Auf den ersten Blick erscheint es durchaus vorteilhaft, wenn jedes Individuum einer Art sowohl männlich wie auch weiblich ist. So kommt theoretisch jeder Vertreter derselben Art als Fortpflanzungspartner in Frage.

Aber solche Zwitterwesen können eben genau das nicht, was erst dadurch möglich wird, dass die beiden Geschlechter als getrennte Individuen heranreifen. Besonders gut geht das dann, wenn durch die unterschiedliche Verteilung von Geschlechtschromosomen dafür gesorgt wird, dass sich männliche und weibliche Individuen derselben Art von Anfang an auf unterschiedliche Weise ausdifferenzieren. Dann nämlich lässt sich das Dilemma, einerseits so bleiben zu müssen, wie man ist, und sich andererseits ständig ändern zu müssen, auf eine erstaunlich einfache Weise lösen: Durch diese einmal gefundene Differenzierung der Individuen einer Art in zwei Geschlechter wurde es nämlich möglich, die Weibchen so zu optimieren, dass sie so gut wie nur irgend möglich in der Lage waren, das bereits Erreichte, die bereits gefundenen und bewährten Überlebensstrategien und die dazu geeigneten genetischen Programme zu bewahren und zu sichern. Weibchen produzieren relativ große Eizellen, die, wie bei den Vögeln, mit allem ausgestattet sind, was für die Entwicklung des Keimlings erforderlich ist, oder sie sichern und lenken die Entfaltung der genetischen Anlagen der Zygote innerhalb ihres eigenen Organismus wie bei uns Säugetieren. In dem Maße, wie die Weibchen es übernahmen, den einen Teil des Dilemmas, nämlich die Sicherung des bereits Erreichten und Bewährten zu lösen, konnten die Männchen dafür optimiert werden, besonders intensiv nach neuen Wegen und Strategien zu suchen, die eine Weiterentwicklung des Bestehenden, die Entwicklungsfähigkeit und Anpassungsfähigkeit der Nachkommen an sich ändernde Lebensbedingungen ermöglichten. Sie wurden zu Spezialisten für die Suche nach Lösungen für den anderen Teil des Dilemmas.

Vergleichbar ist diese Situation mit der eines Fußballspielers: Die Weibchen übernahmen die Rolle des Standbeins, die Männchen die Rolle des Spielbeins. Um ein Tor zu schießen, braucht ein Spieler aber immer beides, Standbein und Spielbein. Übertragen auf unsere Problematik heißt das: Um die Verschiedenartigkeit der Ausrichtung der beiden Geschlechter auch wirklich für die gleichzeitige Sicherung von Stabilität und Veränderbarkeit im Verlauf der Entwicklungsgeschichte zweigeschlechtlicher Arten nutzen zu können, müssen beide, Männer und Frauen, mit einem richtig starken »Kitt« zusammengeklebt werden. Und den kennen wir zur Genüge. Bei den Tieren heißt er Sexualtrieb, bei uns sexuelles Begehren.

Die Beschreibung dessen, was dieser Kitt in Männern auslöst, wozu er sie treibt, welche Formen er annimmt und welche Früchte er hervorbringt, ist vergleichbar mit dem, was Newtons Formeln und Gesetze der klassischen Physik beschreiben. Die Erklärung dessen, weshalb es den Mann geben muss und was sich hinter dieser vordergründigen Vereinigung der Geschlechter verbirgt, ist demgegenüber so etwas wie die »Allgemeine Relativitätstheorie der Geschlechtlichkeit«. Sie beschreibt nicht mehr einfach nur das Phänomen des sexuellen Begehrens in all seinen Erscheinungsformen und Auswirkungen, sondern sie erklärt die hinter diesen sichtbaren Phänomenen verborgene, unsichtbare Kraft, die zur Herausbildung der beiden Geschlechter geführt hat. Erst auf dieser Grundlage erschließen sich nun auch der Sinn und die Bedeutung, die dem männlichen Geschlecht für die Evolution des Lebendigen zukommt: Ausprobieren, was nur irgendwie geht. Das individuelle genetische Potenzial bzw. bestimmte Anteile dieses Potenzials bis an die Grenzen des Möglichen auszuschöpfen, daraus die erstaunlichsten Körperformen, körperlichen Anhängsel, Sinnesleistungen, Verhaltensweisen und sonstigen speziellen Ausprägungen herauszuformen – und das alles so weit zu treiben, dass es den Kitt für die Vereinigung der Geschlechter nicht auflöst, sondern festigt, also die eigene sexuelle Attraktivität für das weibliche Geschlecht erhöht und die Überlebens- und Reproduktionschancen für die Nachkommen verbessert.

Dafür sind die Männer erfunden worden. Dazu sind sie da. Das ist ihr biologischer Sinn. Alle männlichen Tiere folgen dieser Bestimmung. Manche schleppen deshalb riesige, enorm hinderliche Geweihe umher, andere haben Körperanhänge, die so groß sind, dass sie damit kaum noch fressen oder laufen können. Manche haben Schwänze, die sie beim Fliegen massiv behindern, manche sind so bunt und auffällig, dass sie ständig Gefahr laufen, von einem Raubtier gefressen zu werden, und manche lassen sich nach der erfolgreichen Verpaarung gleich selbst von ihrem Weibchen verspeisen.

Nur bei uns Männern ist das alles ganz anders. Vieles ist vielleicht aber auch erst in der letzten Zeit bei uns anders geworden. Es muss eine längere Zeitspanne gegeben haben, in der es den Frauen nicht so sehr auf Äußerlichkeiten, also auf die Ausprägung einzelner körperlicher Merkmale ankam. Zum Glück für uns, denn ansonsten würden wir heute möglicherweise alle ebenfalls mit irgendwelchen hinderlichen Schwänzen, Haartrachten, Behängen und Anhängseln herumlaufen.

Was Männer bisher für Frauen besonders attraktiv machte, war offenbar etwas anderes, was nicht gleich auf den ersten Blick ins Auge fällt, was aber Frauen offenbar zu allen Zeiten und in allen Kulturen an Männern sehr geschätzt haben: ihr sozialer Status in der jeweiligen Gemeinschaft und ihre Fähigkeit, dafür sorgen zu können, dass ihre Kinder sich gut entwickeln, d. h. ihre genetischen Potenziale optimal entfalten können.

Deshalb stammen wir alle von Männern ab, die es irgendwie geschafft haben, sich innerhalb ihrer jeweiligen Gemeinschaft Ansehen und Bedeutung zu verschaffen: als erfolgreiche Jäger, Ackerbauern, Handwerker, Händler, Entdecker, Gelehrte, Künstler und – leider eben auch – als Krieger, Betrüger, Diebe und Halsabschneider. Hauptsache erfolgreich: Auf welche Art, das war den Männern egal, solange es nur ihre Attraktivität für die von ihnen begehrten Frauen erhöhte.

Wenn das nicht gelang, gingen Männer den anderen Weg und verschafften sich Macht über Frauen. Das entsprach zwar nicht ihrer biologischen Bestimmung, aber es funktionierte eben auch. Deshalb zählen leider auch die Unterdrücker von Frauen, die Vergewaltiger und Haremsherrscher mit zu unseren Vorfahren. Interessanter sind aber all jene Männer, denen es gelang, irgendetwas Besonderes aus sich zu machen, etwas, das ihnen innerhalb ihrer Gemeinschaft Bedeutsamkeit und Anerkennung verschaffte und ihnen einen möglichst hohen sozialen Status verlieh. Sie waren zwangsläufig auch die von den Frauen dieser Gemeinschaften begehrtesten Männer. So wirkte auf Männer von Anfang an ein sexueller Selektionsdruck, der eben nicht auf die Ausprägung irgendeines spezifischen körperlichen Merkmals oder eines bestimmten Verhaltens gerichtet war, sondern auf das Erlangen von Bedeutsamkeit, von Anerkennung und sozialer Wertschätzung.

Dabei war es immer die soziale Gemeinschaft, die aufgrund ihres jeweiligen Entwicklungsstands, ihrer jeweiligen Lebensbedingungen und ihrer jeweiligen Vorstellungen und Überzeugungen den Rahmen bot, innerhalb dessen sich die heranwachsenden Männer Bedeutsamkeit, Achtung und Wertschätzung verschaffen konnten. Diese kollektiv geteilten Überzeugungen davon, worauf es für das Wohlergehen der jeweiligen Gemeinschaften besonders ankam, legten fest, in welche Richtung die Männer ihre körperlichen und geistigen Potenziale zu entwickeln hatten. All jene Männer, die ihre Potenziale genau in diese Richtung maximal zur Entfaltung brachten, hatten zwangsläufig auch die besten Reproduktionschancen und konnten all das, was sie dazu befähigt hatte, also ihre besonderen genetischen Anlagen, aber auch ihre besonderen erworbenen Fähigkeit und Kenntnisse und sogar ihre durch diese besonderen Leistungen erworbenen materiellen und ideellen Güter an ihre Nachkommen, weitergeben.

Ahnen Sie, was das bedeutet? Die Evolution unserer Vorfahren bekam eine Richtung! Bestimmt haben diese Entwicklungsrichtung zwar nicht die Männer, aber sie haben immer wieder wie Lokomotiven dafür gesorgt, dass sich der Zug der Fortentwicklung menschlicher Gemeinschaften auf diesen einmal entstandenen Gleisen immer rascher vorwärts bewegte. Bisweilen und zum Teil über längere Zeiträume unserer Entwicklungsgeschichte waren diese Gleise auf allzu kurzfristigen Erfolg ausgerichtet – auf Machtaneignung, Raub, Betrug, Überfall und Krieg. Dann ging es eben damit immer schneller voran – jedenfalls eine Zeitlang, bis der zusehends außer Kontrolle geratende Zug schließlich aus den Gleisen sprang oder gegen die Wand raste.

Spätestens danach aber, wenn es um den Wiederaufbau der zerbrochenen Welt ging, wurden diejenigen Männer wieder erfolgreich und für Frauen attraktiv, denen es gelang, all jene Potenziale besonders gut zu entfalten, die sie in die Lage versetzten, so bemerkenswerte Fähigkeiten wie Umsicht, Mitgefühl, Solidarität, Verantwortung, Reflexionsfähigkeit und Affektkontrolle so gut zu entwickeln, dass sie als geistige und spirituelle Führer eine Korrektur der bisherigen Entwicklungsrichtung ihrer sozialen Gemeinschaft in Gang brachten und damit Ansehen, Bedeutung und Wertschätzung gewannen.

So haben auch Männer immer wieder dafür gesorgt, dass die Richtung, in die sich der Zug der soziokulturellen Entwicklung menschlicher Gemeinschaften fortbewegte, von Zeit zu Zeit rejustiert worden ist: Weg von der kollektiven Überschätzung der Bedeutung ganz bestimmter Fähigkeiten, ganz bestimmter Strategien, ganz bestimmter Entwicklungsziele und stattdessen hin zur Schaffung von Bedingungen, die eine Entfaltung der ganzen Vielfalt und des gesamten Spektrums von Potenzialen ermöglichen, mit denen Menschen ausgestattet sind. Wie wir inzwischen zu begreifen beginnen, handelt es sich hierbei um Potenziale, die alle Menschen, Männer und Frauen, überall und zu allen Zeiten bereits bei ihrer Geburt mit auf die Welt bringen.

Auf der Suche nach dem Unterschied:
Was ist bei Männern anders?

Eine Frau hetzt mit zwei Einkaufstüten schwer bepackt durch den Stadtpark. Sie hat den ganzen Tag in einem Büro gearbeitet und war eben noch schnell zum Einkaufen. Jetzt ist sie auf dem Weg nach Hause, wo die Kinder auf das Abendessen warten. Ihre Gedanken kreisen noch um den Einkauf und sie fragt sich, ob sie auch wirklich nichts vergessen hat. Da tritt plötzlich ein Mann aus dem Gebüsch. Er stellt sich ihr mit weit geöffnetem Mantel in den Weg. Sie blickt auf. Unter dem Mantel ist der Mann nackt. Ein Exhibitionist. Sie schaut ihn kurz an und dann fällt es ihr wieder ein: Ach ja, die Shrimps …

Was die Frau in dieser kleinen Geschichte schafft, ist eine hirntechnische Meisterleistung. Egal ob Mann oder Frau, manchmal sind wir mit unseren Gedanken so stark mit etwas beschäftigt, dass wir alles, was wir dann in einem solchen Moment wahrnehmen, automatisch in den Kontext einordnen, der uns gerade durch den Kopf geht. Dann hat man eben plötzlich Shrimps vor seinem geistigen Auge, auch wenn das, was man sieht, in Wirklichkeit etwas anderes ist. Egal, ob es nun der Einkauf ist, oder ein anderes Problem, um das unsere Gedanken kreisen, oder eine Zeitungsmeldung oder eine Idee, eine bestimmte Vorstellung – immer werden dabei ganz bestimmte neuronale Verschaltungsmuster in unserem Gehirn aktiviert. Und weil die nun schon in diesem aktivierten Zustand sind, werden alle in diesem Moment von außen über die Sinneskanäle zum Gehirn weitergeleiteten Erregungsmuster nun auch besonders leicht mit diesen vorerregten Vorstellungsmustern verknüpft. Dann sieht man, hört man, fühlt man allzu leicht nicht das, was ist, sondern eben nur das, was zu dem passt, womit man sich gerade so intensiv gedanklich befasst. Im Extremfall sieht man dann auch nur das, was man sehen will.

Das geht Frauen so, und das geht Mannern so, und das ist auch gut so. Wenn wir wirklich alles wahrnehmen und gedanklich einordnen wollten, was von den Sinnesorganen an Reizen aufgenommen und zum Gehirn weitergeleitet wird, würde uns wohl bald der Kopf platzen. So beschränken wir unsere Wahrnehmung auf das, was uns im Moment gerade wichtig, irgendwie und aus irgendeinem Grund bedeutsam erscheint. Und weil die Menschen innerhalb eines bestimmten Kulturkreises sich untereinander austauschen, Zeitungen lesen, Nachrichten verfolgen, teilen sie auch die in diesem Kulturkreis vorherrschenden, gemeinsamen Vorstellungen und Überzeugungen. Sie finden dann alle gemeinsam manches besonders wichtig und anderes eben nicht, auch wenn das in anderen Kulturkreisen anders ist und oft auch bei ihnen selbst noch vor einigen Generationen ganz anders betrachtet wurde. Das gilt für alle Lebensbereiche, angefangen bei dem, was gerade »in« ist und in der jeweiligen Gesellschaft heiß diskutiert wird, über so grundsätzliche Fragen wie die Rolle der Familie, die Aufgabe von Schulen, den Umwelt- und Klimaschutz bis hin zu dem, was nun eigentlich Männer von Frauen unterscheidet. Auch hier sehen wir nicht das, was ist, sondern allzu leicht nur das, was zu den Vorstellungen und Überzeugungen passt, die eben zu unserer Zeit von den Menschen unseres Kulturkreises geteilt werden.

Woanders mag das anders sein. Speziell in unserem Kulturkreis aber haben wir seit einiger Zeit zunehmend größere Schwierigkeiten, wenn es darum geht, männliches Aussehen und männliches Verhalten von weiblichem Aussehen und weiblichem Verhalten abzugrenzen. Irgendwie ist unser Blick für die Unterschiede getrübt worden. Ein erster Grund dafür ist unschwer zu erraten: Es ist uns wichtig, dass Männer und Frauen gleiche Chancen und gleiche Rechte haben. Wir haben uns um Gleichberechtigung bemüht, Frauen haben dafür gekämpft, und nach all den Jahrhunderten der Vorherrschaft des Mannes ist die Benachteiligung von Frauen in vielen Bereichen leider noch immer nicht überwunden. Aber Chancengleichheit lässt sich nur einfordern, wenn man davon ausgehen kann, dass Männer und Frauen gleiche Voraussetzungen mitbringen, wenn also die Unterschiede zwischen beiden Geschlechtern nicht allzu groß sind. Deshalb fällt es uns schwer, solche Unterschiede zu akzeptieren.

Ein weiterer Grund ist etwas subtiler: Wenn wir bereit wären, uns einzugestehen, dass Männer und Frauen letztlich doch sehr verschiedene Wesen sind, müssten wir uns zwangsläufig auch darum bemühen, Bedingungen zu schaffen, die es den Jungen und den Mädchen gestatten, entsprechend ihrer wesensgemäßen Unterschiedlichkeit aufzuwachsen und später, als Männer und Frauen, sich in ihrer Verschiedenheit einander ergänzend, miteinander zu leben. Um diese Erkenntnis umzusetzen, fehlen uns in unserem Kulturkreis nicht nur die geeigneten Modelle, ein solcher Gedanke passt auch nicht zu unseren Vorstellungen. Also tun wir lieber so, als gäbe es keine Unterschiede zwischen beiden Geschlechtern.

Der dritte Grund ist ein kommerzieller: Wer Waren oder Produkte, dazu zählen auch Medienprodukte, herstellt, muss möglichst viele Kunden für seine Angebote finden. Alles, was speziell für Männer oder nur für Frauen gemacht ist, erreicht zwangsläufig nur die Hälfte der potenziellen Käufer. Wer aber alle erreichen will, muss zwangsläufig etwas produzieren, was allen gefällt. Das geht freilich nicht, wenn sich Männer von Frauen zu stark unterscheiden. Deshalb werden sie, wo immer es geht, gleich gemacht. Am besten funktioniert das mit androgynen Vorbildern, die uns in Form von geschlechtslosen Popstars und Models allenthalben vorgeführt werden.

Angesichts dieser in unserem Kulturkreis gegenwärtig verbreiteten Vorprägungen ist damit zu rechnen, dass wir für das, was Männer von Frauen nun wirklich unterscheidet, ein wenig blind geworden sind.

Männer haben andere genetische Anlagen

Vor dieser Tatsache können wir – auch wenn wir es noch so wollten – die Augen nicht verschließen: Männer gehen von Anfang an mit einer anderen genetischen Ausstattung an den Start. Ihnen fehlt ein zweites X-Chromosom. Dafür haben sie ein Y-Chromosom. Und das, was in diesem allerkleinsten Exemplar unseres Chromosomensatzes an genetischer Informa-

tion in Form entsprechender DNA-Sequenzen aneinanderge-
reiht ist, stellt eben die Weichen für die weitere Entwicklung
der befruchteten Eizelle so, dass daraus ein männlicher Embryo wird.

Inzwischen ist es gelungen, etwa zwanzig verschiedene
Gene auf diesem Y-Chromosom zu identifizieren. Verglichen
mit den Tausenden von Genen, die auf den anderen 45 Chromosomen des Menschen gefunden wurden, ist das recht wenig.
Neun dieser Gensegmente sind zudem sogenannte »Haushalts-
gene«, die in vielen Körpergeweben eingeschaltet werden und
grundlegende Funktionen des Zellstoffwechsels regulieren. Die
anderen elf werden nur im Hoden aktiv und steuern die Reifung
der Spermien. Die zwischen den gewundenen Hodenkanälchen
sich herausdifferenzierenden Leydig'schen Zwischenzellen produzieren das männliche Geschlechtshormon Testosteron, das in
die Blutbahn abgegeben wird.

Das war's dann auch schon fast, denn dieses Testosteron ist
für den Rest verantwortlich. Es steuert die Herausbildung aller
spezifisch männlichen körperlichen Merkmale, vom Aufbau des
männlichen Skeletts bis hin zu den besonderen Ausprägungen
neuronaler Verschaltungsmuster im männlichen Gehirn. Wer
also der Meinung ist, es seien die Gene, die für all das verantwortlich sind, was Männer von Frauen unterscheidet, kann als
Argument dafür nur dieses kümmerliche Y-Chromosom mit seinen zwanzig Genen anführen. Der ganze Rest, also die anderen
ca. 30.000 Gene des Menschen, sind bei Männern und Frauen
identisch. Es gibt kein Gen, das dafür verantwortlich wäre, dass
Männer ganz anders aussehen und oft auch ganz anders denken,
fühlen und handeln als Frauen. Alle Gene, die für die Herausbildung unserer körperlichen Merkmale und unserer Gehirn-
strukturen und für die Vernetzung von Nervenzellen verantwortlich sind, liegen auf diesen anderen 45 Chromosomen. Und
die sind bei uns allen zwar individuell unterschiedlich, aber mit
Ausnahme dieses Y-Chromosoms und des dafür fehlenden zweiten X-Chromosoms ist die genetische Ausstattung von Männern
und Frauen gleich. Aber dieser kleine Unterschied in der Verteilung der beiden Geschlechtschromosomen hat, wie wir gleich
sehen werden, ziemlich gravierende Auswirkungen auf das, was
aus einer befruchteten Eizelle wird.

Zunächst können wir in unser Kursbuch dick unterstrichen eintragen:

Der einzige genetische Unterschied zwischen Männern und Frauen besteht darin, dass sich die Männer mit einem Y-Chromosom und einem fehlenden X-Chromosom auf den Weg machen.

Männer haben einen anderen Körper

Männer sind im Durchschnitt etwa 10 cm größer als Frauen. Und sie haben auch mehr Muskelmasse. Ihre Extremitäten sind größer, auch die Hände und Füße. Deshalb haben sie auch die größeren Schuhe an – jedenfalls im Durchschnitt. Bei genauerer Betrachtung wird allerdings noch etwas anderes deutlich, was in diesen Mittelwerten nicht zum Ausdruck kommt. Die Verteilungskurve der Körpergröße und all dieser anderen körperlichen Merkmale ist nämlich bei Männern deutlich flacher als bei Frauen. Es gibt also viele sehr große Männer, aber auch sehr viele richtig kleine. Die Ausprägung der körperlichen Konstitution von Männern neigt also zu stärkeren Extremen. Männer sind also nicht das stärkere, sondern das extremere Geschlecht. Im Durchschnitt sterben sie deshalb auch früher. Gegenwärtig haben männliche Neugeborene eine etwa sechs Jahre kürzere Lebenserwartung als neugeborene Mädchen. Als kleine Jungs haben sie mehr Unfälle, als Jugendliche werden sie häufiger drogenabhängig und im Alter bekommen sie häufiger eine Glatze, Potenzstörungen und Schlaganfälle. Irgendwie hängt das alles mit ihrer Lebensweise und ihrem anderen Hormonhaushalt zusammen. Wie und weshalb das so ist, werden wir später noch genauer betrachten.

Am deutlichsten unterscheiden sich Männer und Frauen in ihrem Genitalbereich und den sekundären Geschlechtsmerkmalen. Aber auch die Entwicklung der männlichen Geschlechtsorgane hängt ganz entscheidend davon ab, ob in den Leydig'schen Zwischenzellen des Hodens genügend Testosteron produziert und ins Blut abgegeben wird. Wenn das aus irgendwelchen Gründen während der Embryonalzeit nicht so recht klappt, entstehen Zwitterwesen mit einem mehr oder weniger ausgeprägten männlichen und weiblichen Geschlechtsteil. Und wenn später im Leben eines Mannes die Testosteronbildung aussetzt – zum Beispiel weil er als Haremsdiener kastriert wird –, verschwinden auch die durch die Testosteronwirkung herausgebildeten und aufrechterhaltenen sekundären Geschlechtsmerkmale, also der Bartwuchs, der männliche Körpergeruch, die männliche Statur und Fettverteilung – und das typisch männliche Verhalten.

So bleibt also als Eintrag in unser Kursbuch nur eines festzuhalten:

Männer haben zwar einen anderen Körper als Frauen, aber diese spezifisch männlichen körperlichen Merkmale verdanken sie primär dem Umstand, dass sie Hoden bekommen, die Testosteron produzieren.

Männer haben ein anderes Gehirn

Das beliebteste Erklärungsmuster für die Unterschiede zwischen Frauen und Männern liefert gegenwärtig immer noch die Evolutionsbiologie. Dass Männer nicht nach dem Weg fragen und nicht über Gefühle sprechen, besser rückwärts einparken und logisch denken können, aggressiver, beziehungsunfähiger und sportbegeisterter sind, wird mit dem Hinweis auf ihr genetisches Erbe aus der Steinzeit erklärt. Sie haben eben ein anderes Gehirn, sind anders programmiert. Das ist ziemlich tautologisch – und erklärt nichts. Auf dem Y-Chromosom steht keine einzige Bauanleitung dafür, wie ein männliches Gehirn zu strukturieren ist, und die anderen 45 Chromosomen unterscheiden sich zwischen Männern und Frauen wie gesagt überhaupt nicht. Das genetische Erbe aus der Steinzeit kann also nicht dafür verantwortlich gemacht werden, dass Männer häufiger als Frauen in Vorstandsetagen und in Gefängnissen sitzen, dass ihr Sprachverständnis schlechter und ihr räumliches Vorstellungsvermögen im Durchschnitt besser ausgeprägt ist als bei Frauen. Auch dafür, dass Männer nur halb so oft unter Panikattacken und Depressionen leiden und bei ihnen posttraumatische Belastungsstörungen und Essstörungen viel seltener auftreten als bei Frauen, sie aber doppelt so häufig eine Drogen- oder Alkoholsucht und viermal so häufig eine antisoziale Persönlichkeitsstörung entwickeln, kann nicht länger mit dem Hinweis auf ihre besonderen genetischen Anlagen begründet werden.

Das Einzige, was sich aus all diesen Beobachtungen ableiten lässt, ist banal: Männer denken anders als Frauen, sie fühlen anders und sie verhalten sich anders. Ergo: Obwohl sie über keine für die Hirnentwicklung verantwortlichen anderen Gene verfügen als Frauen, haben sie dennoch ein anderes Gehirn. Das stimmt! Männergehirne unterscheiden sich im Durchschnitt tatsächlich sowohl in der Struktur als auch in manchen Funktionen von Frauengehirnen. Das Gehirn von Männern ist im Durchschnitt etwas größer, dafür ist die Großhirnrinde bei Frauen stärker gefurcht. Bei Frauen sind auch die Verbindungen zwischen den beiden Großhirnhälften stärker ausgebaut. Mit Hilfe bildgebender Verfahren wie der funktionellen Kernspintomografie ist in den letzten Jahren eine Vielzahl von Unterschieden in der Arbeitsweise zwischen männlichen und weiblichen menschlichen Gehirnen nachgewiesen worden.

So beschränken sich beispielsweise die Aktivierungsprozesse, die mit dem Hervorbringen und dem Verstehen von Sprache einhergehen, bei Männern stärker auf die linke Gehirnhälfte. Im männlichen Gehirn sind bestimmte Areale des Frontalhirns, vor allem der orbifrontale Cortex, weniger stark ausgebildet. Männern scheint es deshalb im Durchschnitt schwerer zu fallen als Frauen, Impulse aus dem limbischen System durch orbifrontale Verarbeitungsprozesse zu kontrollieren. Generell scheinen Männer bei der Analyse optischer und anderer sensorischer Eingänge weniger komplexe Erregungsmuster in unterschiedlichen Bereichen der Großhirnrinde aufzubauen und miteinander zu verknüpfen als Frauen. Männer erkennen beispielsweise ein komplexes Objekt schneller. Indem sie die für diese Zuordnung störende Analyse weniger wichtige Merkmale unterdrücken, bleibt das dabei im Gehirn generierte Erregungsmuster entsprechend einfacher. Daran kommen wir also nicht vorbei: Die Gehirne von Männern sind anders aufgebaut und funktionieren anders als die von Frauen.

Doch Gehirne, jedenfalls menschliche Gehirne, sind erstaunlich plastisch, viel plastischer und formbarer, als das selbst die Hirnforscher vor einigen Jahren noch geglaubt hatten. Und zwar ganz besonders zu Beginn der Hirnentwicklung. Das Gehirn reagiert bereits im Mutterleib auf Hormonsignale nicht nur aus dem mütterlichen, sondern vor allem aus seinem eigenen Körper und passt seine Entwicklung entsprechend an. Es wird zeitlebens auf Signale von innen und auf Reize von außen reagieren. Das Gehirn lernt täglich dazu – bis ins hohe Alter. Das Gehirn ermöglicht es, sich in der komplexen Welt zurechtzufinden, indem es für möglichst vieles automatisierte Reaktionsmuster bereitstellt. Diese automatisierten Muster reichen von einfachen motorischen Fähigkeiten wie Gehen, Werfen oder Springen über Alltägliches wie Autofahren oder die eigene Unterschrift bis hin zu komplexen psychobiologischen und sozialen Mustern, etwa beim Auftritt eines autoritären Vorgesetzten. Vor allem merkt sich das Gehirn immer wiederkehrende Muster und passt sich daran durch entsprechende neue Verschaltungen an – sei es beim Musizieren, Radfahren, Drücken auf Handy-Tastaturen oder blitzschnellem Reagieren am Computer-Joystick bei Bildschirm-Shootouts.

Unser Gehirn vernetzt sich, denkt und arbeitet so, wie wir es benutzen, und neue Vernetzungen bilden sich vor allem dann besonders rasch heraus und werden immer dann besonders fest verknüpft, wenn das, womit wir uns intensiv beschäftigen, für uns von ganz besonderer Bedeutung ist – wenn es unter die Haut geht, wenn es uns begeistert, aufregt oder auf andere Weise mit einer Aktivierung der emotionalen Zentren in den tiefer liegenden Bereichen unseres Gehirns einhergeht.

Angesichts dieser Erkenntnisse haben nun all jene Personen ein Problem, die bisher davon ausgegangen sind, bei den im männlichen Gehirn feststellbaren strukturellen und funktionellen Besonderheiten handele es sich um die biologischen Ursachen für bestimmte typisch männliche Verhaltensweisen. Wer das weiterhin behaupten will, muss sicher sein und nachweisen können, dass diese neurobiologischen Unterschiede zwischen männlichen und weiblichen Gehirnen nicht erst als Folge der unterschiedlichen Entwicklungsbedingungen und der unterschiedlichen Nutzung bestimmter Feinstrukturen entstanden sind.

Säugetiere, deren Hippocampus deutlich größer als der Durchschnitt ist, werden sich im Allgemeinen auch besser räumlich orientieren können. Das gilt für Laborratten wie für den Menschen. Und zweifellos hängt die individuelle Ausprägung der an der Impulskontrolle beteiligten Frontalhirnfunktionen mit dem Vernetzungsgrad und damit auch mit der Größe des präfrontalen Cortex zusammen. Aber die wahre Ursache für ein besseres Orientierungsvermögen oder eine mangelnde Impulskontrolle ist nicht der größere Hippocampus oder das kleinere Frontalhirn, sondern das, was dazu beigetragen hat, dass der Hippocampus bei bestimmten Personen besonders gut oder das Frontalhirn eben nur recht dürftig herausgeformt werden konnte.

Unscharfe Trennungen zwischen bestimmten Ursachen und ihren Folgen sind vor allem deshalb für die Erklärung von biologisch begründeten Unterschieden zwischen Männern und Frauen bedenklich, weil die betreffenden Folgen selbst wieder zu Ursachen für weitere Anpassungsleistungen auf anderen Ebenen werden. Die Unterschiede im Gehirn von Männern und Frauen sind ein besonders anschauliches Beispiel, wie Ursachen und Wirkungen einander gegenseitig bedingen. Die Frage ist daher, weshalb Männer ein Gehirn bekommen, mit dem sie im Allgemeinen weniger gut zuhören, dafür aber glauben, besser rückwärts einparken zu können als Frauen.

So bleibt uns also nichts Besseres übrig, als in unserem Kursbuch zu vermerken:

Männer haben ein anderes Gehirn als Frauen, aber männerspezifische Gene, die ihr Gehirn so anders konstruieren, gibt es nicht.

Auf der Suche nach den Ursachen:
Weshalb werden Männer so, wie sie sind?

Es ist, wie es ist: Männer denken anders als Frauen, sie fühlen anders und sie verhalten sich anders – jedenfalls im Durchschnitt. Der Durchschnittsmann kann besser systematisieren und interessiert sich stärker dafür, wie etwas funktioniert. Dafür mangelt es ihm aber an Einfühlungsvermögen. Auch die feinmotorischen Fähigkeiten sind bei der Mehrzahl von Männern nicht so gut entwickelt, aber sie können zielgerichteter werfen und sich besser räumlich orientieren. In Gruppen neigen Männer stärker dazu, in Wettstreit zu treten und Dominanzhierarchien auszubilden. Ihr verbales Kommunikationsvermögen ist schlechter und sie gehen seltener mit ihren Kommunikationspartnern in Blickkontakt. Im Durchschnitt sind Männer extrovertierter als Frauen und entwickeln auch häufiger extrovertierte psychische Störungen. Angeblich haben Männer auch häufiger schmutzige Fantasien und einen ausgeprägteren technischen Sachverstand. Sie werden häufiger Nobelpreisträger, Kriminelle und Drogenabhängige.

All das ist freilich nur Statistik, manches davon mag auch nur für Männer unseres Kulturkreises zutreffen. Manche dieser Besonderheiten waren vielleicht auch zu früheren Zeiten stärker, manche schwächer ausgeprägt. Und welche der heute noch messbaren Unterschiede zwischen Männern und Frauen auch in zukünftigen Generationen weiter bestehen bleiben und welche sich weiter abschwächen, lässt sich nur erahnen.

Aber selbst dann, wenn von all diesen gemessenen Unterschieden manche unzutreffend oder nur in unserem Kulturkreis nachweisbar, manche in fünfzig Jahren vielleicht auch gänzlich verschwunden sind, stellt sich die Frage, wie sie zustande kommen. Was macht Männer also anders als Frauen? Klar, sie haben ein anderes Gehirn, deshalb denken, fühlen und reagieren sie ja auch anders. Aber weshalb entwickelt und strukturiert sich ihr Gehirn anders als das von Frauen?

Auf diese Frage gab es bisher zwei verschiedene Antworten: »Weil es genetische Programme gibt, die diese unterschiedliche Ausreifung des männlichen Gehirns steuern«, sagten die Einen. »Weil kleine Jungs von Anfang an bewusst oder unbewusst so erzogen werden, dass sie diese männerspezifischen Denk-, Gefühls- und Handlungsmuster ausbilden«, sagten die Anderen. Wer die genetischen Programme für entscheidend hielt, musste zwangsläufig den Einfluss von Erziehung und Sozialisation auf die Hirnentwicklung als zweitrangig betrachten. Wer davon überzeugt war, dass die geschlechtsspezifischen kulturellen Prägungen primär für die Herausbildung typischer männlicher Denk-, Gefühls- und Verhaltensmuster verantwortlich zu machen sind, konnte mit den Hinweisen auf die genetischen Programme der Männer und ihr dadurch gesteuertes anderes Gehirn wenig anfangen.

Diese beiden konträren Auffassungen über die Ursachen der Verschiedenheit männlicher und weiblicher Denk- und Verhaltensweisen sind Ausdruck der auf allen Ebenen in der westlichen Welt im vorigen Jahrhundert teilweise sogar recht erbittert geführten Nature-Nurture-Debatte, in der die Einen die genetischen Anlagen und die Anderen die Umwelt für die Unterschiedlichkeit von Menschen verantwortlich machten. Der zwischen beiden Fronten entstandene Graben ist auch heute noch nicht gänzlich überbrückt. Aber die Fundamente der jeweiligen Frontstellungen, die bisherigen Vorstellungen, Theorien und Überzeugungen der Anhänger dieser beiden Lager sind in den letzten Jahren ganz erheblich aufgeweicht und zerbröselt. So hat sich der genetische Determinismus, nicht zuletzt durch die erfolgreiche Entschlüsselung und Sequenzierung des menschlichen Erbgutes, gewissermaßen selbst ad absurdum geführt. Das menschliche Genom erwies sich mit 98 % Übereinstimmung der DNA-Sequenzen als weitaus identischer mit dem unserer nächsten Verwandten, den Menschenaffen, als bisher angenommen. Mit etwa 30.000 Genen verfügen wir auch über nicht viel mehr genetische Bauanleitungen als die Würmer. Und das Bemerkenswerteste: Seitdem es die menschlichen Spezies gibt, also seit mindestens 100.000 Jahren, hat sich am menschlichen Erbgut überhaupt nichts mehr verändert. Unsere steinzeitlichen Vorfahren, obwohl sie damals kaum sprechen konnten, nicht wussten, wie man ein Haus baut und nichts von alledem ahnten, was wir heute alles wissen und können, hatten schon die gleichen genetischen Anlagen wie wir. Gelänge es uns, eine vor 100.000 Jahren befruchtete Eizelle zu beschaffen und einer heutigen Leihmutter einzupflanzen, so wäre das von ihr zur Welt gebrachte Kind und später der entsprechende Erwachsene nicht von uns zu unterscheiden. Er oder sie hätte die Schule besucht, vielleicht auch studiert, wäre Arzt, Künstler, Naturwissenschaftler oder Penner geworden und würde als Mann genauso typisch männlich denken, fühlen und handeln, wie wir Männer es heute tun.

Was sich also seit der Steinzeit verändert hat und was uns zu dem gemacht hat, was wir Menschen heute sind, ist demnach nicht unserer genetischen Ausstattung geschuldet. Sie war als Potenzial bereits damals in uns angelegt. Was damals aber noch fehlte, waren die entsprechenden Bedingungen, die auf der Grundlage dieses Potenzials die Herausbildung eines Gehirns ermöglichen, wie wir es heute in unseren Köpfen umhertragen und zum Autofahren, zum Auf-den-Mond-Fliegen, zum Telefonieren oder zum Chatten im Internet benutzen.

Mit ihrer Erkenntnis, dass unsere genetischen Anlagen zwar eine notwendige, aber nicht hinreichende Voraussetzung für die Herausbildung eines hochkomplexen menschlichen Gehirns sind, haben uns die Genetiker und Molekularbiologen bei unserer Suche nach einer Antwort auf die Frage, weshalb Männer so werden, wie sie hier und heute zumindest im Durchschnitt immer wieder werden, doch schon ein ganzes Stück weitergebracht. Die genetischen Programme ermöglichen zwar die Herausbildung eines lebenslang lernfähigen Gehirns, was für ein Gehirn ein Mann (oder auch eine Frau) aber bekommt, hängt davon ab, wie und wofür er es benutzt. Und das wiederum hängt davon ab, wie und wofür er sein Gehirn in der Welt, in die er hineinwächst, zu nutzen Gelegenheit hat oder zu nutzen gezwungen ist. Mit dieser Erkenntnis ist nun allerdings auch gleich das ganze Fundament aufgeweicht und zerbröselt, auf dem alle bisherigen Vorstellungen der Protagonisten der genetischen Determiniertheit der menschlichen Hirnentwicklung und des menschlichen Verhaltens ruhten.

Aber auch auf der anderen Seite des Grabens, bei den An-
hängern der Prägung des kindlichen Gehirns durch Erziehung
und Sozialisation, hat sich das bisherige Vorstellungsgebäude inzwischen ebenfalls weitgehend aufgelöst. Hier waren es vor allem die Hirnforscher, die mit ihren Befunden deutlich machten, dass die Umwelt, in die Kinder hineinwachsen, ja ebenfalls
nur ein Potenzial darstellt, aus dem sie sich bei weitem nicht alles heraussuchen, sondern nur das, was ihnen wichtig erscheint.
Die wichtigste Erkenntnis der Hirnforscher lautet: Menschliche Gehirne bzw. die sich dort herausformenden Nervenzellverknüpfungen neuronaler Netzwerke und synaptischer Verschaltungsmuster sind viel plastischer und durch die jeweiligen
Nutzungsbedingungen formbarer als bisher angenommen. Oder
einfacher: Das Gehirn wird so, wie man es benutzt. Ganz besonders leicht passt sich die innere Struktur und Organisation
unseres Gehirns an all das an, was wir mit großer Begeisterung
erleben, machen, denken oder eben auch lernen.

Deshalb wird das Gehirn ganz besonders so, wie und wofür es mit Begeisterung benutzt wird.

Sich für etwas zu begeistern heißt, dass einem etwas »unter
die Haut« geht, dass das, was man macht, lustvoll und befriedi-
gend ist. Das ist immer dann der Fall, wenn das, was man denkt,
tut oder wahrnimmt, für einen selbst, für seine eigene Lebens-
gestaltung besonders bedeutsam ist. Dann werden im Gehirn
auch die tiefer liegenden emotionalen Zellen mit erregt. Die dort
aktivierten Zellen schütten an den Enden ihrer weitreichen-
den Fortsätze neuroplastische Botenstoffe (Katecholamine und
endogene Opiate) aus, die durch ihre Wirkungen dazu beitragen, dass die bei dieser lustvollen Erfahrung, z.B. beim Entdecken von etwas Neuem oder beim Lösen eines Problems
oder bei der Aneignung einer neuen Fertigkeit, besonders aktivierten neuronalen Verschaltungen und synaptischen Verknüpfungen gestärkt, gebahnt und gefestigt werden. Auf diese Weise
werden aus den anfänglich noch sehr fragilen Nervenbahnen,
die im Hirn aktiviert werden, wenn man etwas mit Begeisterung
macht, lernt oder erlebt, allmählich immer leichter aktivierbare
und damit benutzbare Straßen im Hirn. Wenn das über längere
Zeiträume immer wieder geschieht, wird daraus sogar so etwas
Ähnliches wie Autobahnen. Und dann hat man eben ein anderes

Gehirn als vorher. Aber verantwortlich dafür ist nicht die Umwelt, sondern die eigene Begeisterung, mit der jedes Kind ganz bestimmte Aspekte seiner Umwelt – zu Hause, im Kindergarten, in der Schule oder sonst wo – aufgreift, wahrnimmt, verarbeitet und gestaltet.

Auf der Grundlage dieser Erkenntnis wird nun auch erklärbar, weshalb Männer ein anderes Hirn bekommen als Frauen: Sie interessieren sich schon als kleine Jungen für andere Dinge, für sie ist etwas anderes bedeutsam, sie sind von anderen Dingen begeistert als kleine Mädchen. Zum einen deshalb, weil sie männlichen Geschlechts sind und sich deshalb stärker an dem orientieren, was anderen Jungen oder Männern wichtig ist, was diejenigen also mit Begeisterung machen; und zum anderen, weil sie bereits mit einem durch den vorgeburtlichen Einfluss des männlichen Geschlechtshormons Testosteron etwas anders organisierten und strukturierten Gehirn zur Welt kommen. Die Jungen haben also schon von Anfang an ein etwas anderes Gehirn. Zwangsläufig können sie daher von Anfang an manches besser, manches schlechter als Mädchen. Und deshalb ist ihnen von Anfang an anderes wichtiger und bedeutsamer als den Mädchen. Deshalb begeistern sie sich auch für anderes – je älter sie werden, umso leichter für das, wofür sich auch die anderen Jungen oder die erwachsenen Männer begeistern.

Weder die Umwelt noch die genetischen Anlagen sind also dafür verantwortlich, dass Männer ein anderes Gehirn bekommen als Frauen: Das mitgebrachte Potenzial der genetischen Anlagen ist in gewisser Weise vergleichbar mit einem großen Orchester, das viele unterschiedliche Musikstücke einüben und spielen kann. Welches Stück aber am Ende tatsächlich von diesem Orchester immer wieder und deshalb auch am besten aufgeführt wird, hängt von denen ab, für die es – solange es in dieser Weise besteht – seine Musik macht. Selbst wenn ein Orchester nur mit Geigen und Flöten besetzt wäre, würde es zumindest immer wieder versuchen, Marschmusik zu spielen, wenn die Zuhörerschaft nichts anderes als Marschmusik mag. Andere Musik würde ja auch, weil die Zuhörer sie nicht kennen, von niemandem verstanden, geschweige denn gemocht werden.

Das Orchester der genetischen Anlagen ist – zumindest was die für die menschliche Hirnentwicklung erforderlichen

Instrumente betrifft – bei Männern prinzipiell nicht anders besetzt als bei Frauen. Auch die Zuhörerschaft ist, zumindest von außen betrachtet, dieselbe. Weshalb führen die Männer dann aber – im Durchschnitt – immer wieder andere Stücke auf? Und das von Anfang an? Als Neugeborene sind sie im Durchschnitt impulsiver, geraten rascher in emotionale Erregung und lassen sich schwerer wieder beruhigen. Danach, im ersten Lebensjahr, entwickeln sie ein ausgeprägteres Durchsetzungsvermögen als die Mädchen, nehmen anderen Kindern häufiger ihre Spielsachen weg, begeistern sich leichter für Autos, Bagger und Lokomotiven und spätestens ab drei Jahren wächst ihr Interesse für Verbotenes, an der Überschreitung von Grenzen und am Raufen. Nicht bei allen, aber bei den meisten, also im Durchschnitt. Offenbar sortiert sich ihr Orchester im Kopf irgendwie anders als bei den Mädchen. Die harmonischeren, melodietragenden Instrumente kommen im Gehirn der kleinen Jungen nicht so richtig durch, und dafür sitzen zu viele Pauken und Trompeten in der ersten Reihe.

Wie das zustande kommt, müssen wir uns »hirntechnisch« noch etwas näher anschauen, bevor wir uns dann fragen können, welchem Publikum die Jungs mit dieser einmal herausgebildeten Sitzordnung am liebsten welche Stücke vorführen und wie sie dabei erwachsen und manchmal auch richtige Männer werden.

Zu viel Antrieb

Theoretisch verfügen also Menschen beiderlei Geschlechts über das gleiche für die Herausbildung des Gehirns erforderliche genetische Instrumentarium. Praktisch kommen aber Jungen bereits mit einem etwas anders organisierten und strukturierten Gehirn zur Welt als Mädchen. Deshalb verhalten sie sich auch von Anfang an schon etwas anders, lenken ihre Aufmerksamkeit anders, reagieren anders.

Bei ihnen muss also bereits vor der Geburt etwas passiert sein, was dazu geführt hat, dass ihr genetisches Instrumentarium von Anfang an anders genutzt worden ist als das der Mädchen. Inzwischen wissen wir, dass in verschiedenen Hirnregionen männlicher Föten bestimmte Gene von den sich dort entwickelnden Nervenzellen stärker, andere dafür schwächer, manche etwas früher, andere etwas später als bei weiblichen Föten exprimiert werden.

Die Folge dieser unterschiedlichen Reifungsprozesse ist dann diese etwas andere Organisation des Gehirns männlicher Neugeborener. Die wiederum ist der Grund dafür, dass schon die ganz kleinen Jungen manches besser, manches weniger gut als die Mädchen können, dass manches ihre Aufmerksamkeit leichter fesselt und sie dafür anderes weniger interessant finden und deshalb auch nicht so gut wahrnehmen, auch dass sie etwas anders reagieren – etwas aufgeregter, etwas überschießender. So als hätten sie etwas in sich oder in ihrem Hirn, das sie stärker antreibt. Eben wie bei einem Orchester, in dem die Pauken und Trompeten etwas weiter nach vorn gerückt sind.

Verantwortlich für diese etwas andere Genexpression und die dadurch bedingte etwas andere strukturelle und funktionelle Organisation des männlichen Gehirns ist die sehr unterschiedliche Konzentration von Geschlechtshormonen, die schon vor der Geburt dort oben, bei den sich entwickelnden Nervenzellen ankommt: viel Testosteron und viel weniger Östrogen und Progesteron als bei den Mädchen.

Schon in der sechsten bis siebenten Woche nach der Befruchtung setzt diese hormongesteuerte Entwicklung ein. Ausgelöst wird sie durch die Aktivierung eines auf dem Y-Chromosom lokalisierten sogenannte SRY-Gens, das den Abbruch der Entwicklung der Eierstöcke und die Herausbildung der Hoden steuert.

Im sich entwickelnden Gehirn wirken die bei Jungen bereits vorgeburtlich erhöhten Testosteronspiegel u. a. beschleunigend auf die Differenzierung der rechten Hemisphäre. Bereits pränatal wird bei ihnen der später für das räumliche Vorstellungsvermögen zuständige rechte Cortex stärker ausgeprägt als bei Mädchen. Weil das Gehirn von Mädchen weniger lateralisiert ist, nutzen weibliche Babys beim Erlernen der Sprache eher beide Hemisphären und formen das Sprachzentrum anfangs nicht nur im linken Cortex, sondern auch im rechten Cortex heraus. Eine Folge davon ist, dass Frauen später im Fall eines linksseitigen Schlaganfalls weniger häufig ihre Sprachfähigkeit sowie andere stärker links lateralisierte Fähigkeiten einbüßen als Männer. Die gleichmäßigere Nutzung beider Gehirnhälften bedingt bei Frauen auch eine kräftigere Entwicklung des Balkens, der Faserverbindung zwischen beiden Hirnhälften. Auch die Ausreifung der großen, globalisierenden Transmittersysteme wird offenbar entscheidend durch Sexualsteroide modifiziert. Östrogene fördern beispielsweise die Expression von Serotoninrezeptoren und führen zur Herausbildung einer erhöhten Dichte von Serotoninrezeptoren im limbischen System und im präfrontalen Cortex. Die Unterschiede betreffen nicht nur die für kognitive Leistungen wichtigen Areale, sondern auch diejenigen Gehirnregionen, die zwischen Organismus und Gehirn vermitteln, also der Hypothalamus sowie das limbische System mit den Kernen in der Amygdala, von wo aus Angst- und Furchtreaktionen gesteuert werden.

Die Folgen des männlichen Hormonmixes im Mutterleib beschränken sich nicht nur auf die Gehirnentwicklung, sondern erstrecken sich auf eine ganze Reihe von Körpermerkmalen. Dazu zählt beispielsweise die Gesichtsform (je höher der pränatale Testosteronspiegel, desto »männlicher« bzw. »robuster« wird die Ausformung des Gesichts) oder die Länge der Finger (die Ausbildung längerer Ringfinger wird durch höhere Testosteronspiegel begünstigt). Hormone sind also auch die entscheidenden Auslöser und Regulatoren für die auf der Ebene der körperlichen Entwicklung zwischen beiden Geschlechtern sich herausbildenden Unterschiede. Männer bekommen nicht deshalb einen anderen Körper als Frauen, weil sie andere Gene oder ein anderes Gehirn haben, sondern weil ihre Keimdrüsen andere Hormone produzieren und in den Blutkreislauf ausschütten.

Diese Hormonwirkungen sind sehr stark. Sie dominieren die im Körper ablaufenden Reifungsprozesse und damit auch die Ausbildung der bekannten körperlichen Unterschiede zwischen Männer und Frauen. Weniger bekannt ist, dass auch die Gehirnentwicklung ganz entscheidend von der körperlichen Entwicklung abhängt. Spezifische Strukturen und Verknüpfungen im Gehirn können sich nur deshalb herausbilden, gebahnt und stabilisiert werden, weil sie einen entsprechenden Input aus der Peripherie, also von den sich entwickelnden körperlichen Strukturen bekommen. Anhand dieser Eingänge aus dem

Körper werden im Gehirn allmählich immer spezifischere und komplexere Regelkreise und Netzwerke zur Steuerung dieser körperlichen Prozesse herausgeformt und als Repräsentanzen für die betreffenden Körperfunktionen angelegt. Das beginnt bereits im Mutterleib mit den allerersten Bewegungen des Embryos und setzt sich fort über die gesamte Kindheit. Und in dem Maße, wie sich die Körper von Mädchen und Jungen, später von Männern und Frauen, unterschiedlich entwickeln, werden auch im Gehirn die betreffenden neuronalen Regelkreise, Netzwerke und Repräsentanzen in entsprechender, geschlechtsspezifisch unterschiedlicher Weise herausgeformt. Bereits bei Kindern lassen sich entsprechende Unterschiede der neuromotorischen Fähigkeiten nachweisen. So führen Jungen einfache motorische Aufgaben, wie etwa Wiederholungsbewegungen, etwas rascher aus als Mädchen. Bei komplexen und adaptiven Bewegungsmustern hingegen sind die Mädchen besser. Und Mädchen machen bei den meisten Bewegungsaufgaben weniger Mitbewegungen der nicht beteiligten Körperpartien. Dadurch sehen die Bewegungen von Mädchen geschickter und harmonischer aus.

Diese Beschreibungen all der Besonderheiten, mit der sich die kleinen Jungen hirntechnisch von Anfang an auf den Weg machen, ließen sich noch beliebig verlängern. Entscheidend für unsere Frage, weshalb Männer so werden, wie sie in unserem Kulturkreis bisher immer wieder geworden sind, ist diese einfache, in unserem Kursbuch festzuhaltende Erkenntnis:

Männer machen sich schon als kleine Jungen mit mehr Antrieb auf einen etwas anderen Weg.

Zu wenig Stabilität

Hebammen, Geburtshelfer und Kinderärzte wissen aus Erfahrung, dass männliche Neugeborene im Allgemeinen etwas vulnerabler und konstitutionell schwächlicher sind als weibliche. Besonders deutlich wird das, wenn sie zu früh zur Welt kommen. Wenn Säuglinge an gesundheitlichen Problemen sterben, so sind das statistisch gesehen etwas häufiger Jungen. Auch vorgeburtlich sterben schon etwas mehr männliche Embryos ab als weibliche, vor allem während der komplizierten Prozesse der Einnistung und der ersten Entwicklungsstadien zu Beginn der Schwangerschaft. Auch das ist inzwischen wissenschaftlich – wenngleich in einem ungeplanten Experiment – nachgewiesen. In den ersten Jahren nach der Wende ging der Anteil männlicher Nachkommen in den neuen Bundesländern signifikant deutlicher zurück als der weiblicher. Die erhöhte psychische Belastung werdender Mütter in dieser gesellschaftlichen Umbruchzeit hat offenbar dazu geführt, dass weniger männliche Nachkommen geboren wurden. Unter diesen ungünstigen Bedingungen waren noch mehr der etwas empfindlicheren männlichen Embryonen als in den etwas ruhigeren Zeiten davor und danach zugrunde gegangen.

Wenn nicht nur männliche Embryonen, sondern auch die sich daraus entwickelnden männlichen Föten und sogar noch die zur Welt kommenden männlichen Nachkommen im Durchschnitt konstitutionell etwas empfindlicher und vulnerabler sind, so kann das angesichts dessen, was wir inzwischen über die nutzungsabhängige Strukturierung des Gehirns wissen, nicht ohne Folgen für die im Gehirn ablaufenden Reifungsprozesse bleiben. Da während dieser frühen Phasen gewissermaßen das Fundament für alle nachfolgenden Reifungs- und Strukturierungsprozesse in den höheren, vor allem in den kortikalen Bereichen des menschlichen Gehirns angelegt wird, ist davon auszugehen, dass sich die Gehirne der konstitutionell etwas weniger stabil veranlagten Jungen auch später, während der frühen Kindheit, weiterhin anders entwickeln und strukturieren als die Gehirne der im Allgemeinen etwas stabileren und konstitutionell stärkeren Mädchen. Nur in einem haben die Jungen, vor allem ab der Pubertät, im Allgemeinen deutliche Vorteile: im Einsatz grober Kraft. Tendenziell haben sie dafür von Anfang an größere Schwierigkeiten bei der Aneignung und neuronalen Verankerung von komplexeren Denk-, Gefühls- und Verhaltensmustern. Besonders unter belastenden und wenig entwicklungsförderlichen Lebenswelten greifen sie mit größerer Wahrscheinlichkeit als Mädchen auf ihre bereits vorgeburtlich angelegten und nach der Geburt besser ausgebauten, weniger komplexen Verschaltungsmuster zurück. Diese einfachen und älteren Netzwerke werden bei ihnen dadurch auch stärker stabilisiert. Konkret bedeutet das. Angesichts einer neuen, von ihnen zu bewältigenden Herausforderung neigen kleine Jungen stärker als kleine Mädchen dazu, auf präformierte Muster, etwa auf die Aktivierung einfacher motorischer Leistungen, zurückgreifen.

Da nun aber jede Weiterentwicklung auch im Hirn nur auf der Grundlage der bis dahin bereits herausgeformten neuronalen Verschaltungs- und Beziehungsmuster erfolgen kann, ist davon auszugehen, dass einmal entstandene Anpassungen entsprechende langfristige Folgen haben. Was bereits Jungen daher ganz besonders brauchen, sind emotionale Sicherheit und liebevolle, fürsorgliche Zuwendung, Wertschätzung und Anerkennung, insbesondere von ihren Vätern. Danach suchen sie mehr als nach allem anderen. Aber leider finden viele kleine Jungen das in unserer gegenwärtigen Gesellschaft nur selten. Dann orientieren sie sich allzu oft ausgerechnet an solchen Männern, die sich in der Regel denkbar schlecht als Vorbilder in Bezug auf ihre weitere Persönlichkeitsentwicklung eignen: Rennfahrer, Popstars, Fußballhelden und Filmschauspieler, neuerdings auch die virtuellen Helden ihrer Computerspiele. Von ihnen, den schillernden und scheinbar erfolgreichen, sicher auftretenden und deshalb bewunderten Vorbildern übernehmen viele Jungen die Strategien zur Bewältigung ihrer eigenen Unsicherheiten und Ängste: Das angeberische, coole Gehabe, das extrovertierte Verhalten, die rücksichtslose Verfolgung ihrer eigenen Interessen, die Begeisterung für Autos, Fußball und alles, was zur Zeit »in« oder gerade »angesagt« ist. Da die Strukturierung des kindlichen Gehirns ganz entscheidend davon bestimmt wird, wie und wofür es benutzt wird, hat diese Orientierung an fragwürdigen äußeren Vorbildern auch entsprechende Folgen für die Ausreifung derjenigen neuronalen Verschaltungsmuster, mit denen die Jungen postpubertär in die Erwachsenenwelt eintreten.

Ob die Ursache des unterschiedlichen Problemlöseverhaltens von Jungen in dem durch den Einsatz ihrer Muskelpakete etwas anders entwickelten Gehirn zu suchen ist oder in den bereits während frühester Entwicklung unter hormonellem Einfluss entwickelten, etwas anders strukturierten Verschaltungen oder in diesen fragwürdigen Vorbildern: Männer agieren als Erwachsene im Allgemeinen eher extrovertiert und vielfach sogar aggressiv ihre psychischen Probleme aus, während Frauen eher bei sich selbst nach Ursachen für Probleme suchen. Leiden Frauen eher unter familiären oder partnerschaftlichen, also Beziehungsproblemen, sind Männer psychisch häufiger von beruflichen Problemen, finanziellen Sorgen oder körperlichen Gebrechen belastet. Männer wollen offenbar häufiger als Frauen durch ihr Tun der Welt etwas beweisen, selbst dann, wenn gar niemand da ist, der solche Beweise fordert oder sie erwartet.

Markante Unterschiede im Dominanzanspruch von Männern und Frauen kennzeichnen die Erwachsenenwelt in nahezu allen Kulturen und Gesellschaftsschichten. In Bezug auf Lernverhalten und schulische Leistungen unterscheiden sich Jungen und Mädchen zumindest bis zur Pubertät – mit deutlichen Nachteilen für die Jungen. Da in der Pubertät die Grundlagen für Durchschnittsnoten im Abitur gelegt werden, setzten sich die Geschlechtsunterschiede zum Teil auch in den Zulassungszahlen für besonders begehrte Hochschulfächer fort. In vielen Universitäten ist inzwischen die Mehrzahl der frisch Promovierten weiblichen Geschlechts. Nur bei der Preisvergabe für die besten Arbeiten und der Besetzung von akademischen Stellen sind die Männer nach wie vor im Vorteil. Darin spiegelt sich aber wohl nur das rollenspezifische Dominanzverhalten und das Geschlechterverhältnis der beurteilenden Professoren wider – wo die Männer ja nach wie vor überwiegen. Da Männer soviel Bestätigung aus beruflichen Gratifikationen ziehen, ist für Männer im mittleren Lebensalter der größte Risikofaktor für eine depressive Symptomatik die Angst vor dem Arbeitsplatzverlust; bei Frauen ist es der Mangel an unterstützenden sozialen Beziehungen.

Die Wende nach 1989 führte in Osteuropa zu markanten gesellschaftlichen Veränderungen. Obwohl in vielen dieser Länder das Bruttosozialprodukt seit der Öffnung rasant gestiegen ist, haben sich die gesellschaftlichen Binnenverhältnisse verschlechtert mit heute höherem Gradienten zwischen Armen und Reichen sowie allgemein gestiegener Unsicherheit. Die Folgen davon zeigen sich vor allem beim sogenannten starken Geschlecht: mit einer Zunahme von Depression, chronischen Erkrankungen, Alkoholproblemen und bei über 40-jährigen Männern mit einem dramatischen Anstieg der Sterberate, die heute höher ist als 1960. Ein unsicherer Arbeitsplatz, fehlender Sinn im Leben oder das Fehlen eines Lebenspartners verdreifachen das Risiko eines vorzeitigen Todes – wirken also ähnlich schädlich wie das Rauchen von ein bis zwei Schachteln Zigaretten pro Tag. Die stärksten Risikofaktoren überhaupt sind bei Frauen familiäre Sorgen, bei Männern eine Ehefrau, die sie nicht unterstützt.

Ob man es nun aus dem Umstand ableitet, dass die Männer aufgrund ihres fehlenden zweiten X-Chromosoms, gewissermaßen ohne »Ersatzrad«, an den Start gehen oder dass sie unterwegs allzu leicht aus der Bahn geraten oder dass sie so viel Halt im Außen suchen und brauchen: Am Ende kommt immer das Gleiche heraus, und das können wir nun auch so in unser Kursbuch eintragen:

Männer sind das weniger stabile, stärker auf Halt von außen angewiesene Geschlecht.

Ständig auf der Suche nach Halt

Fassen wir noch einmal zusammen: Männer gehen schon von Geburt an mit etwas anderen Voraussetzungen an den Start als Frauen. Dass sie schon als kleine Jungen anders denken, anders fühlen, anders reagieren als kleine Mädchen liegt daran, dass sich ihr Gehirn vorgeburtlich etwas anders entwickelt hat. Der Grund dafür ist eine etwas andere Expression verschiedener, an der Steuerung neuronaler Differenzierungsprozesse beteiligter Gene. Ausgelöst wird diese besondere Genexpression in ihrem Gehirn durch den besonderen Hormonmix von sehr viel Testosteron und sehr wenig Östrogen und Progesteron, der die männlichen Föten etwa ab der zehnten Schwangerschaftswoche durchflutet. Und die Ursache dafür ist der Umstand, dass bei diesen ungeborenen Jungen etwa ab der sechsten Woche die bis dahin auch bei ihnen angelegten Eierstockvorstufen verkümmern und stattdessen Hoden wachsen. Dieser Prozess wiederum wird durch Gene gesteuert, die auf dem Y-Chromosom liegen. So weit, so gut.

Damit wären wir nun am unteren Ende dieser Kettenreaktion angekommen, in deren Verlauf Ursachen immer wieder Wirkungen erzeugen, die dann selbst wieder zu Ursachen für andere Wirkungen werden. Nach oben reicht unsere Kette zunächst aber nur bis zu den kleinen Jungen. Um herauszufinden, wie aus denen nun auch richtige Männer werden, müssen wir diese Kette in den Bereich hinein verlängern, in dem die weitere Entwicklung dieser kleinen Jungen von ihrer Lebenswelt, von der Kultur, von den männlichen Rollenvorstellungen der jeweiligen Gemeinschaft abhängt, in die sie mit ihren bis dahin herausgeformten hirntechnischen Besonderheiten fortan hineinwachsen, in die sie ja meist auch selbst hineinwachsen wollen, allzu oft aber auch hineinzuwachsen gezwungen werden.

So falsch, wie es bisher war, für diese spezifisch männlichen Entwicklungsprozesse entweder genetische Anlagen oder die Umwelt verantwortlich zu machen, so falsch wäre es jetzt, den ersten Teil dieser Ursache-Wirkungs-Kette als einen rein biologischen Entwicklungsprozess und den nun folgenden als einen kulturellen oder sozialen Anpassungsprozess zu betrachten. Alles, was im Verlauf der menschlichen Entwicklung auf der biologischen Ebene abläuft, wird durch die jeweils herrschenden geistigen, kulturellen und sozialen Gegebenheiten beeinflusst, ermöglicht und in bestimmte Richtungen gelenkt. Und umgekehrt werden auch alle geistigen, kulturellen und sozialen Entwicklungen von diesem »biologischen Substrat« beeinflusst, ermöglicht und in eine bestimmte Richtung gelenkt, durch diese »biologische Matrix«, die bis dahin in Form bestimmter neuronaler Verschaltungsmuster im Gehirn dieser kleinen Jungs entstanden ist bzw. herausgeformt werden konnte.

Was den Prozess der Mannwerdung also von Anfang an kennzeichnet, ist weder seine biologische noch seine soziokulturelle Bedingtheit, sondern der Umstand, dass es sich hierbei um einen geschlechtsspezifischen Differenzierungsprozess handelt. In dessen Verlauf kommt es bei den Vertretern des männlichen Geschlechts zu spezifischen männlichen Differenzierungen und Ausformungen bestimmter Anteile des gesamten Spektrums der Potenziale, über die wir als Menschen unabhängig von unserem Geschlecht verfügen.

Männer sind also eine in eine bestimmte Richtung in besonderer Weise ausdifferenzierte Form des Menschen – Frauen natürlich auch. Und zwar auf beiden Ebenen: auf der Ebene der im Verlauf der biologischen Evolution im Menschen angelegten Entfaltungsmöglichkeiten (das ist unser genetisches Potenzial) und auf der Ebene der von Menschen im Verlauf ihrer kulturellen, sozialen und geistigen Entwicklung geschaffenen äußeren Entfaltungsräume (das ist unser soziokulturelles bzw. geistiges Potenzial).

Die Mannwerdung beginnt zwar mit einer Ausdifferenzierung bestimmter Anteile auf der Ebene des biologischen Potenzials im Verlauf der Entwicklung von der befruchteten Eizelle bis zur Geburt eines Jungen. Anschließend aber kommt es zur weiteren Ausdifferenzierung der auf diese Weise herausgeformten biologischen Matrix durch die geistigen, sozialen und kulturellen Möglichkeiten, die Kinder beim Hineinwachsen in einen bestimmten Kulturkreis als äußere Angebote vorfinden.

Da der Mensch als einziges Lebewesen in der Lage ist, dieses von ihm selbst geschaffene geistig-kulturelle Potenzial ständig zu erweitern, bietet die Mannwerdung immer auch die Möglichkeit, bestimmte Bereiche dieser Umwelt individuell stärker, andere weniger stark zu erschließen, zu nutzen und weiterzuentwickeln.

Ein solcher von Männern vorangetriebener geistig-kultureller Differenzierungsprozess läuft allerdings auch ständig Gefahr, in einer unfruchtbaren Sackgasse der geistig-kulturellen Entwicklungsmöglichkeiten des Menschen zu enden. Das ist immer dann der Fall, wenn Männer eine sehr ausdifferenzierte »Männerkultur« entwickeln, die dann über kurz oder lang ihre eigene Reproduktion gefährdet – sei es, weil sie so ihre Attraktivität für die Frauen verlieren oder als fürsorgliche Väter nicht mehr zu gebrauchen sind. Auf diese Weise wird jede Männerkultur, sobald sie sich gar zu weit von den biologischen Erfordernissen für ihre eigene Reproduktion entfernt, letztlich doch wieder von diesen Erfordernissen zurückgeholt.

Aber das wissen die kleinen Jungen noch nicht. Ausgestattet mit ihren besonderen, bis dahin entwickelten Bedürfnissen, Interessen und Fähigkeiten suchen sie sich ihren Weg innerhalb der in ihrer jeweiligen Lebenswelt zur Verfügung stehenden Angebote und Möglichkeiten. Manche werden dabei in bestimmte Richtungen vorwärtsgestoßen, andere werden dazu verführt, einen bestimmten Weg einzuschlagen, und in eine Falle gelockt, bevor sie auch nur schemenhaft erkannt haben, was dieser Weg für sie bedeutet, geschweige denn, wohin er führt. Nicht wenige scheitern oder verlaufen sich hoffnungslos im Labyrinth der von ihnen gewählten Wege bei dem Versuch, ein Mann zu werden.

Am klarsten vorgezeichnet ist der weitere Entwicklungsweg für die kleinen Jungen in sehr streng reglementierten Gemeinschaften, wo sie in sehr enge und rigide definierte, über Generationen hinweg tradierte Männerrollen gedrückt und gestoßen werden. Dort haben sie kaum eine andere Chance, als so zu werden, wie es oftmals sogar die eigene Mutter, vor allem aber der eigene Vater, aber auch die älteren Jungen und die erwachsenen Männer in diesen Kulturgemeinschaften von ihnen erwarten oder verlangen. Ohne recht begriffen zu haben, was mit ihnen geschehen ist, sind sie zu erwachsenen männlichen Mitgliedern dieser Gemeinschaften herangereift. Als solche schieben sie dann die nächste Generation von Jungen unreflektiert auf das gleiche Gleis, auf das sie selbst als Heranwachsende gesetzt worden sind. So wird aus den männlichen Nachkommen immer wieder das gemacht, was die Mitglieder in diesen Gemeinschaften für einen Mann halten.

Solche traditionellen Kulturgemeinschaften mit einem sehr klar definierten Männerbild sind überaus stabil und durch die eindeutige Rollenverteilung meist auch hoch effizient bei der Erschließung neuer Lebensräume und Ressourcen, auch oder vielleicht sogar ganz besonders mit kriegerischen, gewaltsamen Mitteln. In größte Schwierigkeiten geraten solche Kulturen aber automatisch immer dann, wenn es nichts mehr zu erschließen und zu erobern gibt, weil die natürlichen Ressourcen in Form von Land und Bodenschätzen verteilt sind und die anderen, in angrenzenden Gebieten lebenden Gemeinschaften, inzwischen ebenfalls bis an die Zähne bewaffnet, nicht mehr so einfach wie bisher überfallen werden können.

Genau dann also, wenn sich ein Kräftegleichgewicht zwischen einander feindlich gegenüberstehenden Kulturen herausgebildet hat, wird diesen traditionellen Kulturen ihr eigenes Rollenverständnis des Männlichen als Krieger und Soldat, als Eroberer und Herrscher zum Verhängnis. Dann erweisen sich ihnen diejenigen Kulturgemeinschaften als überlegen, die weniger starr an dem alten Rollenverständnis der Geschlechter festhalten, die den Männern und Frauen mehr Raum bieten, auch noch andere Entwicklungswege als die tradierten auszuprobieren und einzuschlagen. Solche Gemeinschaften sind flexibler und damit anpassungsfähiger, auch experimentierfreudiger und damit entwicklungsfähiger als die in den tradierten Rollenbildern verhafteten. Aber sie sind deshalb auch weniger gut strukturiert, weniger streng hierarchisch geordnet und – in Bezug auf bestimmte, bisher vom alten Rollenverständnis getragene Leistungen – auch weniger effizient. Mit anderen Worten: Sie sind fluider, durchlässiger, aber für kriegerische Auseinandersetzungen nun auch nicht mehr so gut aufgestellt. Im Ernstfall fehlen ihnen die überzeugten und deshalb begeistert von ihrer bedeutsamen männlichen Rolle in den Krieg ziehenden Soldaten. In einigen Kulturgemeinschaften sind diese Auflösungserscheinungen des bisherigen männlichen Rollenverständnisses gegenwärtig schon weiter fortgeschritten als in anderen. Aber auch wenn es global betrachtet langsamer geht, als es gehen könnte, so ist der in der westlichen Welt in Gang gekommene und sich auf andere Kulturkreise ausbreitende Auflösungsprozess des seit der Steinzeit tradierten männlichen Rollenverständnisses nicht mehr aufzuhalten oder gar umzukehren.

Die Frage, weshalb Männer so werden, wie sie sind, lässt sich daher nicht allein durch die Analyse dessen klären, was Männer in der Vergangenheit zu dem gemacht hat, was sie bisher in der Mehrzahl immer wieder geworden sind. Erstens handelt es sich aus den eben erwähnten Gründen hierbei um ein »Auslaufmodell« der Funktionalisierung des männlichen Geschlechts. Und zweitens ist das, was die kleinen Jungen in allen bisherigen, von einem starren tradierten Männerbild geleiteten Kulturgemeinschaften immer wieder durchlaufen und durchlitten haben, gar keine Mannwerdung, sondern eine sehr gezielte Form von Abrichtung und Dressur. Mit den Mitteln von Bestrafung und Bildung wurden und wird noch immer in großen Teilen der Welt aus diesen kleinen Jungen etwas gemacht, was in diesen Gemeinschaften als »männlich« galt bzw. noch immer gilt.

Angesichts der ständigen Bedrohung dieser früheren Gemeinschaften durch äußere Feinde war dieses männliche Leitbild aber nicht nur vorteilhaft, sondern überlebenswichtig, auch für die Frauen, ob sie sich dessen bewusst waren oder nicht.

Ihr Überleben, ihr Ansehen in der Gemeinschaft, ihr Wohlstand und ihre Alterssicherung hingen immer davon ab, ob es ihnen gelang, einen Mann zu finden und zu heiraten, der in der Lage war, all das zu gewährleisten, und ob sie imstande waren, ihre Söhne als Mütter so zu erziehen, dass diese später im Leben auch für sie »ihren Mann stehen« konnten, und zwar in genau der Weise, wie es das in der jeweiligen Gesellschaft vorherrschende männliche Rollenverständnis erforderlich machte.

Es ist noch immer das Resultat dieser bis heute unbewusst transgenerational überlieferten kulturellen Verformungen, nicht aber irgendeines biologischen, aus der Steinzeit mitgebrachten und für die heutige Zeit unpassenden genetischen Erbes, das gegenwärtig auch noch in unserem Kulturkreis viele Männer ebenso wie ihre Väter und deren Väter mit sich herumschleppen: auf einen Zweck hin erzogen, manchmal sogar gezeugt worden zu sein, schon als kleine Jungen und später als Heranwachsende funktionalisiert, auf das vorbereitet, zu dem gemacht worden zu sein, was ihre Mütter, ihre Väter, die Schule, die Universität, ihre spätere Frau, die Wirtschaft, die Gemeinschaft, in die sie hineinwachsen, von ihnen erwarten, brauchen oder zumindest erhoffen.

Die Erwartungen, die Forderungen und die Hoffnungen an diese heranwachsenden Männer haben sich freilich von Generation zu Generation verändert. Noch die Großväter derjenigen, die heute selbst Väter sind, hatten sich als junge Männer auch in unserem Land im vergangenen Jahrhundert zuhauf als Freiwillige für den Krieg gemeldet oder sich zumindest, wie sie das damals nannten, ihrer nationalen Verantwortung als pflichtbewusste Männer nicht entzogen. Dieses älteste männliche Rollenbild des tapferen Kriegers hat inzwischen seinen Jahrtausende währenden Glanz zumindest bei uns weitgehend eingebüßt. Heutzutage wollen kleine Jungs lieber Superstars werden oder Topfußballspieler oder auf irgendeine andere Weise berühmt, reich und begehrt. Und dabei helfen ihnen ihre Mütter und Väter, so gut es geht. Falls diese es selbst schon geschafft haben, wohlhabend, einflussreich und besser gestellt zu sein, geht das in den meisten Fällen freilich etwas leichter. Umso mehr müssen sich die anderen anstrengen, aus dem, was sie haben, und dazu zählen für die betreffenden Eltern eben auch ihre kleinen Jungs, das Beste zu machen. Und damit sind wir nun mit unseren Betrachtungen mitten in der Gegenwart angekommen.

Erstaunlicherweise unterscheidet sich aber die Art und Weise, wie heute aus den kleinen Jungen »Männer« werden, gar nicht so sehr davon, wie das auch früher schon immer geschah. Nur das, was man früher für das »Beste« für einen Mann hielt und wozu Eltern ihre Söhne dann auch besonders eifrig zu machen versuchten, hat sich inzwischen geändert. Heute müssen »richtige Männer« nicht mehr tapfere Soldaten, treue Pflichterfüller oder pensionsberechtigte Beamte sein, sondern etwas anderes, eben etwas, was in der heutigen Zeit in unserem Kulturkreis als besonders bedeutsam und wichtig erachtet wird.

Und was das ist, was also heutzutage einen »richtigen Mann« ausmacht, lässt sich inzwischen bei weitem nicht mehr so klar definieren wie noch vor fünfhundert, hundert, fünfzig oder auch nur vor zwanzig Jahren. Selbst das, was für die heutigen Väter damals, als sie noch kleine Jungen waren, als »das Beste« betrachtet wurde und was deshalb das Ziel und die Hoffnungen der Erziehungsbemühungen ihrer Eltern bestimmte, kann für deren Söhne, wenn sie erwachsen sind, bereits etwas ganz anderes geworden sein. Die männlichen Rollenbilder sind so fluide geworden, ändern sich so rasch, dass sie sich inzwischen weder für Eltern noch für deren Söhne als Orientierungshilfen auf der Suche nach einem Weg in die Welt der Erwachsenen eignen.

Es gibt also keine klaren Rollen mehr, in die die kleinen Jungen auf ihrem Weg zum Mann hineinwachsen, die sie übernehmen, die sie als Erwachsene spielen könnten. Das Theater, in dem Männer seit Menschengedenken in allen möglichen Rollen, vor allem aber immer wieder in dieser von ihnen gespielten Rolle des Kriegers, des Herrschers und des Macht- und Rechthabers, aufgetreten sind, ist beendet. Wir sind, ohne es zu wollen, in einer Zeit angekommen, in der es für Männer nicht mehr darauf ankommt, eine Rolle als Mann zu spielen, stattdessen geht es nun darum, ein authentischer Mann zu werden.

Die Heranreifung zu einem authentischen Mann ist ein innerer, in dem kleinen Jungen auf seinem Entwicklungsweg zum erwachsenen Mann ablaufender, ein sich selbst organi-

sierender Prozess der Potenzialentfaltung. Im alten Rollenspiel-
theater wurden die Jungen benutzt, um die in der jeweiligen Kul-
turgemeinschaft tradierten männlichen Rollen zu besetzen. Sie
waren nachwachsende Ressourcen für das seit jeher traditionell
immer noch aufgeführte Theaterstück.

Die nun nicht mehr durch ein vorgegebenes männliches
Rollenverständnis in ihrer Heranreifung in eine bestimmte Richtung gelenkten Jungen eignen sich nun auch nicht mehr für
das alte Theater. Das ganze alte Theater ist inzwischen kom-
plett unbrauchbar geworden. Damit geht auch die Schauspie-
lerei, die Männer immer wieder aufzuführen hatten, endlich
zu Ende. Wer nicht selbst herausgefunden hat, wer er ist und
welche Potenziale in ihm angelegt sind – und die von niemand anderem als von ihm selbst zur Entfaltung gebracht werden können –, kann zu Hause bleiben und versuchen, sich in
den virtuellen Welten des Cyberspace zu inszenieren. Ein le-
bendiger, liebenswerter Mann und authentischer Vater seiner
Kinder wird er so nicht. Er wäre dann lediglich in den letzten
Akt des großen Dramas eingestiegen, in dem das reale Theater in unserer modernen Welt für ihn als virtuelles Theater zu
Ende geht.

Gleichzeitig ein authentischer Mann zu sein und weiter bestimmte Männerrollen in realen oder virtuellen Theatern spielen
zu wollen, funktioniert nicht. Auf Erlösung aus diesem Dilemma
von außen zu warten, etwa durch die Frauen, ist vergebens. Die
haben längst ihre eigenen Probleme mit der Rolle, die sie inzwischen spielen oder zu spielen gezwungen sind. Auch die Hoffnung, die alten, verlorengegangenen Männerbilder könnten irgendwann wieder in ihrem einstigen Glanz erstrahlen, kann
nur jemand hegen, der noch immer fest davon überzeugt ist,
doch wieder irgendeine Rolle spielen zu müssen, um ein richtiger Mann zu sein. Und die Politik wird dieses Problem ganz bestimmt nicht lösen. Das Militär auch nicht. Wir sind also ziemlich am Ende unserer Kunst angekommen. Von außen ist keine
Hilfe zu erwarten. Jetzt bleibt nur noch das Innen. Jetzt müssen wir erst mal in uns selbst nach einer Antwort auf die Frage
suchen, wie wir in diesen Schlamassel, in dieses Dilemma zwischen Authentizität und Rollenspiel, hineingeraten sind und
wie wir da wieder herauskommen.

Das Bedürfnis nach Authentizität hat jeder Mann schon als kleiner Junge. Und anfangs ist er ja auch noch authentisch. Aber schon kleine Jungen haben das Bedürfnis, bisweilen sogar ein recht starkes, eine bestimmte, möglichst gewichtige Rolle zu spielen, Bedeutung zu besitzen, Anerkennung zu finden, wichtig zu sein, dazuzugehören. Sicher ist das ein Bedürfnis, das alle Menschen in sich tragen, also auch die kleinen Mädchen. Aber die Mädchen waren und sind offenbar nicht so sehr darauf angewiesen, Halt und Sicherheit im Außen zu suchen, sich wichtig zu machen, sich Bedeutsamkeit zu verschaffen, wie die Jungen, bei denen schon vor der Geburt durch die Wirkung des Testosterons die Pauken und Trompeten im Hirn nach vorn und die harmonischen, melodietragenden Instrumente weiter nach hinten gerückt worden sind. Was soll man als kleiner Junge mit diesem auf zuviel Antrieb und zu wenig Stabilität ausgerichteten Orchester in seinem Hirn machen? Da muss man ja nach Halt suchen, und das nicht nur ein bisschen mehr als die kleinen Mädchen, sondern auch mit spürbar mehr Druck auf dem Gaspedal. Und wo findet man als kleiner Junge, der besonders viel Schwung hat und konstitutionell weniger stabil unterwegs ist, seinen Halt? Nicht innen – natürlich außen, überall dort, woran man sich als kleiner Junge festhalten, anlehnen, einklinken, stark machen kann: an übermächtig aussehenden und ganz Besonderes leistenden Maschinen wie Baggern, Feuerwehr- und Polizeiautos, an großen Flugzeugen, Schiffen und früher natürlich auch noch oder ganz besonders an Panzern, Kanonen und Schießgewehren. Ja, und dann natürlich auch noch an starken Vorbildern, den etwas älteren Kumpels im Kindergarten, die schon viel besser wissen, worauf es im Leben ankommt und denen auch kein anderes Kind zu widersprechen, geschweige denn Prügel anzudrohen wagt. Halt findet man auch in den Banden und Gangs von Jungs, denen man sich anschließt, deren Ideen und Vorstellungen man übernimmt. Und wenn man es schafft, in so einer Jungengruppe richtig viel Anerkennung zu finden oder gar ihr Bestimmer und Anführer zu werden, dann gibt das besonders viel Halt. Und wenn man gegen andere kämpft und sie besiegt erst recht. Ansehen, Beachtung und Halt findet auch der, der immer die neuesten Computerspiele hat – oder richtig geile Klamotten oder als erster ein Piercing im Ohr oder rot gefärbte Haare. Halt findet auch, wer in seiner Clique angeben und sich hervorheben kann mit Schuleschwänzen, Klauen im Kaufhaus, auch durch Autoantennen abknicken, frisch getünchte Wände besprühen, Straßenlaternen umknicken, die Lehrerin »blöde Fotze« schimpfen oder durch lauthalses Herumgrölen auf dem Fußballplatz.

Dieses Verhalten macht stark, das bringt Anerkennung, das bietet sehr viel Halt. Je schwächer man ist, desto mehr neigt man zu diesen Verhaltensweisen. Je mehr Antrieb man hat, desto wilder treibt man es mit der Wichtigtuerei. »Sensation seeking« nennen das die Psychiater. Aber wer das Risiko scheut, wer sich nicht durchsetzen kann, wer seine Kräfte nicht messen will, wer nicht in eine Jungengang gehören und lieber mit Mädchen spielen will, ist in den Augen der anderen kein richtiger Junge. Aus dem wird dann auch kein richtiger Mann. Und wie finden solche Jungen diese Extraportion Halt, die sie ja wohl auch brauchen, weil sie ebenfalls mit so einem verrückten Orchester in ihrem Hirn zur Welt kommen? Sie suchen sich ihren Halt bei Mama, werden Mamas Liebling, sind bereit, alles für Mama zu tun. Sie lernen, ihr die heimlichsten Wünsche an den Augen abzulesen, strengen sich in der Schule an, machen fleißig ihre Hausaufgaben und den Abwasch und versuchen in jeder Hinsicht genau der zu werden, den sich Mama im Innersten wünscht. Solange sie Mamas kleine Prinzen sein dürfen, ertragen sie sogar das Mobbing in der Schule und die Beschimpfungen der anderen Jungs, sie seien Streber und würden den Lehrern in den Arsch kriechen. Aber später, wenn sie älter werden und ihnen die Rolle als Mamas Liebling unangenehm zu werden beginnt, verlieren sie wieder ihren Halt. Manchmal stürzen sie dann in ein sehr tiefes Loch und landen in irgendeiner Sucht: Fresssucht, inzwischen auch bei Jungs Magersucht, krankhafter Ehrgeiz, zwanghafte Verhaltensweisen, Spielsucht und nicht zuletzt die Flucht in den Rausch der Drogen oder in die virtuellen Welten von Computerspielen.

Und dann noch eine letzte Gruppe kleiner Jungs auf der Suche nach Halt. Die orientiert sich noch am stärksten an den archaischen Rollenvorstellungen von Männlichkeit: Gewalt, Macht, Unterdrückung. Die etwas ängstlicheren dieser Halt suchenden Jungs verbringen den größten Teil ihrer Zeit mit irgendwelchen Ballerspielen am Computer. Diejenigen, denen das zu virtuell ist, schließen sich entsprechend auftretenden Schlägerbanden an, und diejenigen, denen der damit verbundene Gruppenzwang auf die Nerven geht, verschaffen sich irgendwoher Waffen, Sprengstoff oder irgendetwas anderes, womit sie all jene, die ihnen nicht passen, wie Superman ins Jenseits befördern können, meist nur in Gedanken, aber vereinzelt auch real.

Das Gehirn wird so, wie man es mit Begeisterung, also mit starker emotionaler Beteiligung benutzt, lautet die wichtigste neue Erkenntnis der Hirnforscher. Deshalb erübrigt sich an dieser Stelle auch der Hinweis darauf, welche neuronalen Netzwerke und synaptischen Verschaltungen im Hirn all jener heranwachsenden Vertreter des männlichen Geschlechts gebahnt und stabilisiert und dabei zu immer besseren Straßen und Autobahnen ausgebaut werden, wenn diese Jungs auf der Suche nach Halt ihr Gehirn so intensiv und mit so großer emotionaler Beteiligung immer wieder auf diese Weise benutzen. Als Erwachsene haben sie dann ein Gehirn, mit dem sie all das ganz besonders gut können, was sie auf ihrer Suche nach Halt so lange, so intensiv und mit so viel emotionaler Beteiligung geübt haben: ein männliches Durchschnittsgehirn mit extremen Ausformungen der bei diesen Halt bietenden Beschäftigungen besonders stark aktivierten Bereiche.

Früher, als noch fast alle Jungen Soldat werden und den Heldentod sterben wollten, waren die spezifischen männlichen Bahnungen im Hirn einheitlicher. Auch wenn deren Suche nach Halt heute in sehr viele verschiedene Richtungen verläuft und die dadurch im Gehirn entstehenden strukturellen und funktionellen Anpassungserscheinungen erheblich vielfältiger geworden sind – es bleibt, was es immer schon war: etwas mit viel Mühe und großem Engagement, oft auch mit Schmerzen ins eigene Hirn Gebautes. Etwas, das nicht durch sich selbst, sondern von außen, von den dort auf der Suche nach Halt gefundenen und umklammerten Strohhalmen bestimmt worden ist.

Wenn diese Entwicklung aber, wie wir ja schon herausgearbeitet haben, ein Auslaufmodell ist, dann bleibt die Frage offen, wie sie anders verlaufen soll. Zumal sich doch die kleinen Jungs nach wie vor mit so lauten Pauken und Trompeten und so schwachen Geigen und Flöten im Hirn auf den Weg machen, um ein Mann zu werden.

Die Antwort ist so einfach, wie ihre praktische Umsetzung schwer ist: Sie müssten häufiger und bessere Gelegenheiten geboten bekommen, ihre beiden Grundbedürfnisse zu stillen, mit denen sie bereits zur Welt kommen.

Das eine ist das Bedürfnis nach Verbundenheit, Geborgenheit und Sicherheit. Es erwächst aus der bereits im Mutterleib gemachten Erfahrung. Ohne diese Erfahrung engster Verbundenheit und Geborgenheit kann kein Kind zur Welt kommen. Sie ist tief im Gehirn jedes Neugeborenen verankert und bestimmt die Erwartungshaltung, mit der jeder Junge und auch jedes Mädchen sich nach der Geburt auf den Weg macht. Die Jungs tun das etwas stärker und mit etwas mehr Vehemenz als die Mädchen, weil sie konstitutionell schwächer sind und deshalb mehr Verbundenheit, Geborgenheit und Sicherheit brauchen.

Und das andere ist das Bedürfnis, Neues zu erfahren und Aufgaben nachzugehen, an denen man wachsen kann, also nach Potenzialentfaltung, Autonomie, Freiheit. Auch das ist als vorgeburtliche Erfahrung tief im Gehirn eines jedes Neugeborenen verankert. Deshalb sind alle Kinder so offen, so entdeckerfreudig und so gestaltungshungrig. Und deshalb erwarten sie, dass sie auch nach der Geburt weiterhin Gelegenheit finden, sich als Weltentdecker und Weltgestalter auf den Weg machen zu können – die Jungs ebenso wie die Mädchen. Die Jungs nur etwas mehr, wegen der lauteren Pauken und Trompeten in ihrem Hirn.

Wie könnte also die Lösung des geschilderten Dilemmas aussehen? Wie ließe sich verhindern, dass sich vor allem die Jungs auf der Suche nach Halt immer wieder verirren oder sich in Rollen pressen lassen, die für ihre männlichen Vorfahren, so weit wir nur zurückschauen können, unausweichlich waren?

Die Antwort ist so einfach, dass man sie gar nicht aussprechen mag: Sie müssten jemanden finden, am besten eine Mutter oder einen Vater, der sie vorbehaltlos annimmt. Idealerweise beide, und zwar so, wie sie sind. Ohne die Absicht, irgendetwas aus ihnen machen zu wollen. Ohne geheime Wünsche, was aus ihnen werden sollte. Ohne die Erwartung, etwas von ihnen zu bekommen, ohne das Gefühl, sie zu brauchen, ohne

Vorurteile, ohne Zweck. Nicht als Objekte, nicht als Ressourcen, sondern als Suchende, von solchen Eltern, die selbst Suchende sind und Suchende bleiben wollen. Diese besondere zwischenmenschliche Beziehung, die nichts von ihnen will, die den kleinen Jungen das Gefühl tiefer Verbundenheit schenkt und die sie in jedem Moment immer wieder einlädt, ermutigt und inspiriert, sich als kleine Weltentdecker und Gestalter ihrer eigenen Lebenswelt und ihres eigenen Selbst auf den Weg zu machen und dabei doch gleichzeitig aufs tiefste verbunden zu bleiben, hat einen Namen: Sie heißt Liebe.

Immer dann, wenn sie fehlt oder unterwegs verloren geht, bleibt den Jungen mit ihrer schwächeren Konstitution und ihrem stärkeren Antrieb nichts anderes übrig, als sich besonders warm anzuziehen, sich noch besser zu rüsten und zu wappnen gegen die Fährnisse und das Theater einer immer liebloser werdenden Welt, in die sie wohl noch auf absehbare Zeit hineinzuwachsen gezwungen sind. Wir sind ihre Vorbilder. Es wird Zeit für uns, authentische und souveräne Männer zu werden. Sonst können wir weder ihnen noch ihren Müttern jemals zeigen, was es heißt, wirklich geliebt zu werden.

Teil II
Der Prozess der Mannwerdung

Das schwache Geschlecht auf der Suche nach Halt: Der Passionsweg und die Stufen der Transformation zum Mann

Als Mann wird man nicht geboren und zum Mann wird man auch nicht gemacht.

Zu einem Mann kann man nicht durch andere werden, sondern nur durch sich selbst – durch einen Reifungs- und Differenzierungsprozess, den jedes männliche Wesen in seinem Leben durchläuft und der sich weniger in seinem Äußeren, sondern im Inneren, in ihm selbst vollzieht. Weder ein besonders wohlmeinender lieber Gott noch besonders gut kombinierte genetische Anlagen bieten irgendeine Sicherheit, dass dieser eigene Entwicklungs- und Transformationsprozess auf dem Weg zum Mann auch wirklich gelingt. Es gibt keine Garantie dafür, dass die kleinen Jungen dabei nicht unterwegs irgendwie stecken bleiben oder sich irgendwohin verirren.

Diese Gefahr ist in manchen Kulturen und unter bestimmten Verhältnissen größer als in anderen Gemeinschaften und zu anderen Zeiten. Unter besonders ungünstigen Bedingungen können die Fälle misslungener Mannwerdung so häufig sein, dass das Misslingen dieses komplizierten Prozesses die Regel, den »Normalfall« darstellt. Wer sich dann auch noch an dem orientiert, was ist, und nicht an dem, was sein könnte, dem ergeht es nicht viel anders als all jenen Menschen, die ihr Älterwerden an dem ausrichten, was in ihrem Kulturkreis in Bezug auf das Altern als durchschnittlich und damit als »normal« erscheint. Allzu leicht übersieht man dann die zwar seltenen, aber gelungenen Beispiele des Älterwerdens, die deutlich machen, was selbst in hohem Alter menschenmöglich, aber eben nicht die Regel, also »normal« ist. Dann bleibt man lieber so wie alle anderen und sucht sich dafür, dass man so ist, wie man ist, die passenden Begründungen.

In Bezug auf das, was einen solchen »normalen Mann« auszeichnet, bieten die Evolutionspsychologen und Soziobiologen gegenwärtig die besonders brauchbaren Erklärungen. Männer seien darauf programmiert, ihre Gene möglichst effektiv an möglichst viele Nachkommen weiterzugeben. Jede von einem Mann geschwängerte Frau erhöhe die Anzahl seiner Gene, die er in die nächste Generation schleuse. Deshalb, so die evolutionsbiologische Argumentation, treibe sein biologisches Erbe den Mann zur Vielweiberei und zu Seitensprüngen. Nur unter bestimmten ökonomischen und soziokulturellen Bedingungen sind Männer nach dieser Vorstellung bereit, eine dauerhafte Beziehung mit einer Frau einzugehen – mit den allenthalben zu beobachtenden Hintertürchen in Form von Nebenfrauen und Prostituierten. Gut lässt sich mit dieser Theorie auch erklären, warum Männer vor allem dann, wenn sie älter werden, sich durch Trennung und Scheidung den Weg frei machen für eine neue Beziehung mit einer meist jüngeren Partnerin. Dieser »zweite Frühling«, in dem nicht mehr ganz junge Männer ihre meist gleichaltrige Partnerin gegen eine jüngere eintauschen, ist aus dieser evolutionsbiologischen Perspektive völlig normal, weil Männer dadurch ihre Reproduktionsrate noch einmal steigern, bevor es zu spät ist.

»Der Übergang vom Affen zum Menschen, das sind wir«, hat Konrad Lorenz einmal so treffend bemerkt und uns damit sehr eindringlich daran erinnert, dass wir uns irgendwann entscheiden müssen, wo wir eigentlich hinwollen. Die soziobiologischen und evolutionsbiologischen Vorstellungen beschreiben ja lediglich, wo wir herkommen und uns wohl auch mehrheitlich noch immer befinden: unterwegs, an der Schwelle eines Transformationsprozesses, der von niemand anderem als uns selbst gestaltet werden kann. Und weil es gegenwärtig in der Mehrzahl wohl eher die männlichen Vertreter unserer Spezies sind, denen ihr tradiertes Rollenverständnis ebenso überraschend wie unübersehbar abhanden gekommen ist, sind sie nun auch in besonderer Weise vor die Herausforderung gestellt, diese notwendige Selbsttransformation als Aufgabe anzunehmen und, so gut sie es vermögen, schrittweise zu bewältigen. Das wird kein leichter Weg, vor allem für jene, die mit ihren Vorstellungen noch tief in den tradierten und über viele Generationen hinweg ja durchaus bewährten, inzwischen aber unbrauchbar gewordenen Männerbildern verhaftet sind.

Und es ist ein Weg, der sich nur schrittweise in aufeinanderfolgenden Stufen einer eigenen Transformation gehen lässt. Leider passiert dieser Prozess auch nicht automatisch, sondern nur dann, wenn man auch wirklich werden will, was man werden könnte: ein Mann.

1. Station
Die Zeugung: schnell gewesen und Glück gehabt

Wenn es stimmt, dass wir von unseren Eltern nicht nur mit einer bestimmten Kombination ihrer genetischen Anlagen, sondern auch mit einer bestimmten Vorstellung, mit den aus ihren Herkunftsfamilien mitgebrachten familiären Traditionen, mit den von ihnen gestalteten materiellen, emotionalen und geistigen Gegebenheiten auf den Weg ins Leben geschickt wurden, dann ist dieser nichtbiologische, kulturelle, soziale, geistige und materielle Rahmen, der unseren Lebensweg später bestimmt, bereits vorhanden, bevor wir überhaupt auch nur gezeugt sind. Da mögen die genetischen Anlagen eines Jungen so sein, wie sie wollen: Dieser Anteil, der sein Leben ebenso bestimmt, ist bereits vorhanden. Dieser Teil seines Lebens existiert schon, bevor er entsteht, und er wirkt in Form elterlicher Wunschvorstellungen umso stärker, wenn er ein sogenanntes Wunschkind ist. Wie sich ein neugeborener Junge später erlebt, welche Erfahrungen er macht, wie sehr er, so wie er ist, eben auch als Junge, von seinen Eltern angenommen und begleitet wird und wie sich daher auch sein Gehirn nach der Geburt erfahrungsabhängig strukturiert, hängt nicht unwesentlich davon ab, ob sich seine Eltern einen Jungen oder ein Mädchen gewünscht haben.

Ob es nun auch wirklich ein Junge oder ein Mädchen wird, hängt davon ab, welches Spermium die Eizelle befruchtet. Im Durchschnitt enthält ein Ejakulat rund 300 Millionen Spermien. Das würde theoretisch reichen, um alle gebärfähigen Frauen der USA zweimal zu befruchten. Seit einiger Zeit beobachten die Reproduktionsmediziner allerdings eine beängstigende Verschlechterung der Spermienproduktion bei Männern unseres

Kulturkreises. Bei Männern, die nach 1970 geboren wurden, finden sich im Ejakulat inzwischen etwa 25 % weniger Spermien als noch bei Männern der Jahrgänge vor 1959. Nach den Ursachen dieser Entwicklung wird gegenwärtig intensiv gesucht, das Spektrum der Verdächtigen reicht von Weichmachern aus Plastikprodukten mit östrogenartigen Wirkungen bis zu lebensstilbedingten Einschränkungen männlicher Zeugungsfähigkeit durch Alkohol, Nikotin, Stress, enge Kleidung oder Sitzheizungen im Auto. Hinweise dafür, dass die Produktion von Spermien mit einem Y-Chromosom davon stärker beeinträchtigt ist als die von Spermien mit einem X-Chromosom, gibt es glücklicherweise bisher nicht. Problematisch mit der Befruchtung wird es auch erst ab einer Untergrenze von zwanzig Millionen Spermien pro Milliliter Ejakulat.

Welches dieser immer noch sehr vielen Spermien das Rennen gewinnt, hängt von verschiedenen Faktoren ab, die sich aber offenbar von außen nicht gezielt beeinflussen lassen. Die mit dem kleineren Y-Chromosom sind zwar etwas schneller, dafür machen sie aber auch schneller schlapp. Wenn der Eisprung genau dann erfolgt, wenn sie ankommen, haben sie besonders gute Chancen. Vorher ist es ungünstiger, weil sie schneller absterben; später auch, weil sich die Eizelle dann entweder gar nicht mehr befruchten lässt oder bereits von einem anderen Spermium befruchtet worden ist. Die Eizellen scheinen auch recht wählerisch zu sein. Nicht jedes Spermium, das bei ihnen ankommt, wird zur Befruchtung zugelassen. Nach welchen Kriterien sie diese Auswahl treffen, haben die Wissenschaftler bisher noch nicht herausgefunden. Dafür ist es ihnen kürzlich gelungen, einen Lockstoff zu identifizieren, der die Spermien auf ihrem langen Weg vom Muttermund bis zum Eierstock unwiderstehlich anzieht. Es ist der Duft von Maiglöckchen! Das würde bedeuten, dass all jene Spermien bei diesem großen Wettrennen besonders gute Chancen haben, eine befruchtungsbereite Eizelle zu erreichen, die eine besonders feine Spürnase für Maiglöckchengeruch in Form entsprechender Rezeptoren auf ihrer Außenmembran besitzen.

Wie auch immer dieses Rennen ausgeht und was auch immer darüber entscheidet, welches Spermium zuerst bei der Eizelle ankommt und von ihr zur Befruchtung zugelassen oder eingeladen wird, was dann passiert, ist immer das Gleiche: Egal ob es ein X- oder ein Y-Chromosom mitbringt, zuerst bekommt die Außenhaut der Eizelle durch einen eiweißspaltenden Enzymcocktail, den die Spermien als sogenanntes Akrosom an der Vorderseite ihres Kopfes tragen, ein Loch. Dann fällt der Schwanz ab, die restliche Hülle wird ebenfalls außen zurückgelassen und nur der Zellkern wandert in das Innere der Eizelle und verschmilzt mit ihrem Zellkern. Die auf diese Weise befruchtete Eizelle bezeichnen die Biologen als Zygote. Sie enthält in ihrem Zellkern nun wieder einen doppelten Chromosomensatz, jeweils ein Chromosom stammt vom Vater, eines von der Mutter. Durch Teilung der Zygote entstehen anschließend Tochterzellen, die sich erneut teilen und wieder Tochterzellen produzieren. Und so geht es weiter, bis ein kleiner Zellhaufen, eine Morula, entstanden ist. Dort herrschen für die auf der Oberfläche gelandeten Zellen nun andere Bedingungen als für all jene, die im inneren des Zellhaufens liegen. Aufgrund dieses unterschiedlichen Milieus werden in den äußeren Zellen bestimmte Gene stärker, andere schwächer exprimiert. Die verschiedenen Zelltypen beginnen sich in unterschiedlicher Weise weiterzuentwickeln, sich zu differenzieren.

Wurde die Eizelle von einem Spermium befruchtet, das als Geschlechtschromosom ein X-Chromosom mitbrachte, so enthält jede dieser embryonalen Zellen nun zwei X-Chromosomen, und daraus entwickelt sich ein Mädchen. Enthielt das Spermium aber ein Y-Chromosom, wird aus dieser Kombination von einem X- und einem Y-Chromosom ein Junge.

2. Station
Die ersten neun Monate: trotz Handicap überlebt

Lange Zeit waren die Biologen der Meinung, dass das Vorhandensein eines Duplikats von jedem Chromosom sich zwar zwangsläufig aus der Verschmelzung der beiden elterlichen Chromosomensätze ergibt, dass diese Doppelausstattung aber eher so etwas wie ein mitgeschleppter Luxus sei, weil die genetischen Informationen nur von einem der beiden Chromosomen abgelesen würden. Inzwischen haben sie aber herausgefunden, dass die sich aus der Zygote entwickelnden embryonalen Zellen die in diesen beiden Chromosomen enthaltenen Gene, also die für die Synthese von bestimmten Eiweißen gebrauchten DNA-Sequenzen, alternativ entweder von einem väterlichen oder von einem mütterlichen Chromosom abschreiben. Aktiviert wird im Zellkern also offenbar immer das genetische Material, das für die anstehenden Aufgaben dieser Zellen besser passt oder geeigneter ist. Auf welchem der beiden Chromosomen dieses betreffende Gen lokalisiert ist, ist der Zelle egal. Dumm ist es nur, wenn es statt zwei lediglich ein Chromosom gibt, von dem sich dann auch nur dieses betreffende Gen abschreiben lässt. Dann muss die Zelle das nehmen, was in diesem Chromosom an DNA-Sequenzen enthalten ist, auch dann, wenn die nicht so recht passen.

Wie wichtig diese Auswahlmöglichkeit tatsächlich ist, wird schon dadurch offensichtlich, dass es beim Menschen keine einzige Chromosomenanomalie gibt, bei der eines der 22 somatischen Chromosomen nur in einfacher, nicht in doppelter Ausführung vorliegt. Die Reise von Embryonen, die sich aus irgendeinem Grund nur mit einer Einfach- und nicht mit der üblichen Doppelausstattung eines jeden Chromosoms in ihrem Zellkern auf den Weg machen müssen, endet also durchweg tödlich. Einzige Ausnahme sind diejenigen, die nur ein X-Chromosom und anstelle des zweiten X-Chromosoms ein Y-Chromosom mit einer nur sehr geringen Zahl von Genen besitzen: Jungen. Die kommen trotz dieses Handicaps durch. Aber der Umstand, dass ihnen gewissermaßen ein »Ersatzrad« für ihr einzelnes X-Chromosom fehlt, macht sie eben auch anfälliger, vulnerabler, empfindlicher für im Verlauf ihrer Embryonalentwicklung auftretende Störungen. Sie sind somit von Anfang an das in Bezug auf ihre biologische Konstitution schwächere Geschlecht. Männliche Embryonen sterben deshalb auch schneller ab, gibt es während der Embryonalentwicklung irgendwelche Schwierigkeiten. Diese Aborte erfolgen offenbar recht früh, so dass sie von den schwangeren Frauen meist gar nicht bemerkt werden. Erst später lassen sie sich statistisch über die Zeit im Verhältnis zu Mädchengeburten nachweisen. Ein besonders eindrückliches Beispiel einer solchen Verschiebung ist der geringere Anteil an Jungen, die nach den »Wendewirren« im Verlauf des Zusammenbruchs des DDR-Regimes in den östlichen Ländern der heutigen Bundesrepublik Deutschland zur Welt kamen. Eine statistisch relevante und daher nicht unerhebliche Anzahl der konstitutionell schwächeren männlichen Embryonen hat diese Umbruchphase und die damit einhergehenden Belastungen vieler werdender Mütter offenbar nicht überlebt.

Schon viel länger als die Embryologen und die Geburtenstatistiker wissen die Hebammen, dass Jungen häufiger als Aborte abgehen als Mädchen, auch dass männliche Frühgeborene empfindlicher sind und – wenn es Komplikationen gibt – häufiger sterben als weibliche.

Wenn wir also nach den genetischen Besonderheiten suchen, mit denen sich die Vertreter des männlichen Geschlechts nach der Befruchtung auf den Weg machen, so reicht es nicht, darauf hinzuweisen, dass sie ein Y-Chromosom haben, das den weiblichen Embryonen fehlt. Ihnen fehlt eben dafür auch ein zweites X-Chromosom, das die weiblichen Embryonen wiederum haben. Da auf dem X-Chromosom sehr viele Gene lokalisiert sind, die von Anfang an in allen embryonalen Zellen gebraucht werden und es für nicht ganz so optimal funktionierende Gene auf diesen Chromosomen keinen Ersatz auf einem zweiten X-Chromosom gibt, sind die männlichen Embryonen von Anfang an und im Einzelfall auch mit einem unterschiedlich stark ausgeprägten Handicap unterwegs. Welche Auswirkungen das auf die Herausbildung bestimmter Merkmale hat, ist nur schwer abschätzbar. Da dieses eine X-Chromosom von der Mutter stammt, die aber noch ein zweites X-Chromosom (als »Ersatzrad«) von ihrem Vater besitzt, werden diese Merkmale bei der Mutter weniger ausgeprägt sein, wohl aber beim Großvater des betreffenden Jungen, falls dessen X-Chromosom über seine Tochter an den Sohn weitergegeben wurde. Der betreffende Enkel würde dann seinem Großvater mütterlicherseits in Bezug auf diese Merkmale ähnlicher als seinem Großvater der väterlichen Linie. So interessant kann Genetik sein.

Das Y-Chromosom mit seiner recht kümmerlichen genetischen Ausstattung stammt ja automatisch vom Vater und von dessen Vater und so weiter. Weil es vor allem solche Gene enthält, die für die Ausbildung der männlichen Genitalien und die Testosteronproduktion im Hoden gebraucht werden, werden Ähnlichkeiten in der Herausformung dieser spezifisch männnlichen Merkmale eher in der männlichen Linie zu finden sein. Das gilt auch schon für die von den Leydig'schen Zwischenzellen im Hoden des sich entwickelnden männlichen Föten produzierten und in den fötalen Blutkreislauf abgegebenen Testosteronmengen. Die können höher oder niedriger sein, und das hat, wie wir inzwischen wissen, einen profunden Einfluss auf die weitere Herausbildung typisch männlicher sekundärer körperlicher und damit auch psychischer Merkmale. Glücklicherweise gibt es aber noch sehr viele andere Chromosomen, die an der Ausformung körperlicher Merkmale beteiligt sind und die sich in jeder Generation neu aus dem elterlichen Chromosomensatz in vielfältiger Weise vermischen. Und glücklicherweise gibt es dann nach der Geburt noch hinreichend starke familiäre und kulturelle Prägungen, die ja ebenfalls einen entscheidenden Einfluss auf den Prozess der Mannwerdung haben.

Sonst müsste sich eine durch besonders viel oder wenig Testosteron angetriebene Generationenfolge von Männern mit einem besonders stark oder schwach ausgeprägten männlichen Gehabe bis zu ihren Urvätern, Kain und Abel, zurückverfolgen lassen.

Die den männlichen Föten durchströmenden Testosteronspiegel sind nur zum Teil durch die auf dem Y-Chromosom lokalisierten genetischen Anlagen bestimmt. Es gibt auch mütterliche Faktoren, die die embryonale Testosteronbildung beeinflussen: Alkoholkonsum, Nikotin, Medikamente und Drogen, sicher auch manche Umweltgifte. Auch Phthalate, die Weichmacher aus unseren Plastikverpackungen, stehen im Verdacht, aufgrund ihrer östrogenähnlichen Wirkungen Testosteron-mediierte Prozesse während der Embryonalentwicklung zu unterdrücken.

Messbar sind unterschiedlich hohe Testosteronspiegel im Fruchtwasser männlicher Föten. Jungen, bei denen vorgeburtlich besonders hohe Testosteronkonzentrationen im Fruchtwasser nachgewiesen wurden, zeigen ein ausgeprägtes räumliches Orientierungsvermögen, suchen weniger Augenkontakt mit ihrer Mutter und haben größere Schwierigkeiten beim Spracherwerb. Dafür sind sie impulsiver. Viel Testosteron während der vorgeburtlichen Entwicklung scheint also die Pauken und Trompeten in ihrem Hirnorchester noch mehr nach vorn und die Geigen und Flöten noch weiter nach hinten zu verrücken.

3. Station
Die Geburt: gerade noch durchgekommen

Die Geburt betrachten wir noch immer als den eigentlichen Beginn des Lebens und damit auch der Mannwerdung. Aber in Wirklichkeit kommt freilich kein Junge (und auch kein Mädchen) als unbeschriebenes Blatt zur Welt. Die Weichen, und in vieler Hinsicht sogar die entscheidenden Weichen für die weitere Entwicklung, sind bereits während dieser vergangenen neun Monate in Form der bis dahin abgelaufenen Wachstums- und Differenzierungsprozesse gestellt worden. Jedes Neugeborene bringt nicht nur spezifische, vor der Geburt herausgeformte körperliche Merkmale und bis dahin entstandene und stabilisierte neuronale Netzwerke in seinem Gehirn mit auf die Welt, sondern auch bestimmte Erfahrungen, die vorgeburtlich gemacht und in Form entsprechender neuronaler Verschaltungsmuster verankert worden sind. Es kennt die Stimme seiner Mutter und auch die des Vaters, wenn er da war; der mütterliche Herzschlag ist ihm ebenso vertraut wie ihr Geruch.

Und jedes Neugeborene hat vor seiner Geburt zwei Erfahrungen gemacht, die implizit in seinem Gedächtnis festgeschrieben sind und seine Erwartungshaltungen nach der Geburt bestimmen: Es war aufs engste verbunden und »möchte« deshalb auch weiter verbunden bleiben, und es ist gewachsen und »möchte« weiter wachsen – über sich hinauswachsen, seine Potenziale entfalten, autonom und frei werden. Nichts davon ist Neugeborenen bewusst und doch sind diese Erfahrungen und die daraus erwachsenden Bedürfnisse die entscheidenden Wegweiser, die die Richtung bestimmen, in der sich beide, die kleinen Jungen ebenso wie die kleinen Mädchen, nun auf den Weg machen.

Der eigentliche Geburtsvorgang ist keine leichte Angelegenheit, weder für die werdende Mutter noch für das auf die Welt kommende Kind. Es dauert anschließend etwa zwei Monate, bis sich das Gehirn von diesem Stress wieder einigermaßen erholt hat, und die Fortsätze der Nervenzellen, nun vor allem in der Hirnrinde, weiter auswachsen und Kontakte mit anderen Nervenzellen bilden. Niemand weiß, ob Jungen diese Strapazen besser überstehen und sich schneller davon erholen als

Mädchen. Und es ist gut, dass man sich später an diesen wohl schwierigsten und gefährlichsten Sprung in das eigene Leben nicht erinnern kann, weil die dafür zuständigen Bereiche im Cortex noch nicht ausgereift sind.

Leichter wird das Ganze sicher, wenn man eine Mutter oder noch besser eine Mutter und einen Vater hat, die sich auf ihr Kind freuen und es liebevoll, feinfühlig und vorbehaltlos annehmen können.

Eine Sicherheit bietende Bindungsbeziehung ist das wichtigste »Wachstumshormon«, das jedes Neugeborene für seine weitere Entwicklung braucht. Sonst wagt es sich nicht als kleiner Entdecker und Gestalter hinaus in seine neue, fremde Lebenswelt. Ohne die Erfahrung einer solchen Geborgenheit vermittelnden Beziehung kann es das Gefühl von Vertrauen nicht entwickeln, das im Gehirn dazu führt, dass überschießende Erregungszustände gehemmt, also abgebremst werden. Allzu leicht wird dann jeder aus der äußeren Welt oder aus dem eigenen Körper zum Gehirn weitergeleitete Sinneseindruck oder Impuls zu einer überschießenden Erregung. Darauf reagieren die älteren Bereiche des Gehirns mit der Aktivierung einer Angst- und Schreckreaktion und die geht immer mit einer Stimulation des neuroendokrinen Stress-Systems einher. Panisches Strampeln und Schreien sind nur die äußeren Anzeichen einer solchen Notfallreaktion. Was man dabei nicht sieht, sind die Auswirkungen im Gehirn. Dort kommt es zur Verstärkung all jener Verschaltungen, die daran beteiligt sind, und zur Abschwächung und Unterdrückung jener neuronalen Aktivitäten, die für die Aufrechterhaltung von Neugier, Offenheit und Gestaltungslust gebraucht werden. Dauern diese Stresszustände über längere Zeit an, so werden zudem das Auswachsen von Nervenzellfortsätzen und die Synapsenbildung gehemmt. Dann können auch nur weniger komplexe neuronale Netzwerke und Verschaltungsangebote bereitgestellt werden.

Wenn Not herrscht, muss primär auch im Gehirn eines Neugeborenen zunächst das in Gang gebracht und gestärkt werden, was das nackte Überleben sichert. Der Aufbau von Komplexität und die Aufrechterhaltung von Offenheit und Neugier sind unter solchen Bedingungen reiner Luxus. Ausgebaut wird das, was in der Not das Überleben sichert, und das sind eben die einfacheren und deshalb auch robusteren Verschaltungsmuster im Gehirn. Damit das nicht bereits von Anfang an passiert, brauchen Neugeborene das Gefühl von Vertrauen. Und damit sich dieses Gefühl im Gehirn ausbreiten und solche Übererregungszustände abbremsen kann, muss einem Kind Gelegenheit gegeben werden, die Erfahrung zu machen, dass es in dieser Welt sicher und geborgen ist. Das gilt für Jungen und Mädchen gleichermaßen. Aber wenn wir davon ausgehen, das neugeborene Jungs konstitutionell schwächer und wegen der Testosteronwirkungen schon mit einem etwas lauteren und weniger auf Harmonie ausgerichteten Orchester in ihrem Gehirn zur Welt kommen, gilt das eben für die neugeborenen Jungen ganz besonders.

4. Station
Die Kindheit: einigermaßen Halt gefunden

Wie wichtig diese Sicherheit bietenden Bindungsbeziehungen und das daraus erwachsende Vertrauen für die weitere Hirnentwicklung und die Entfaltung der in jedem Kind angelegten Potenziale sind, lässt sich auch an einer ganze Reihe evolutionär entstandener »Sicherheitsvorkehrungen« erkennen, die dazu beitragen, dass die Herausbildung einer solchen verlässlichen Beziehung zwischen dem Kind und seinen primären Beziehungspersonen normalerweise einigermaßen funktioniert. Dazu zählt der Umstand, dass das Neugeborene seine Mutter bereits recht gut kennt. Schon intrauterin hat es ihren Herzschlag, später auch ihre Stimme, ihr Singen und ihr Lachen gehört. Auch ihr Duft und die Aromastoffe aus ihrer Nahrung sind dem Kind bereits vertraut, weil es sie schon im Fruchtwasser schmecken konnte. Immer dann, wenn es seiner Muter besonders gut ging, hat sich ihre Bauchdecke entspannt und ihm mehr Bewegungsfreiheit verschafft. Dann beruhigten sich auch ihre Atmung und ihr Herzschlag, ihre Gefäße erweiterten sich und so wurde auch ihr ungeborenes Kind besonders gut versorgt. Vielleicht hat die Mutter dabei auch noch gesungen oder eine bestimmte Musik gehört, vielleicht war es ein Spaziergang oder ein köstliches Essen, die der werdenden Mutter dieses Wohlgefühl bereiteten.

Und weil es ihr dabei so gut ging, ging es auch ihrem ungeborenen Kind besonders gut.

Dieses Wohlgefühl ging in seinem Gehirn mit der Generierung eines bestimmten Aktivierungsmusters einher und dieses emotionale Muster wurde automatisch mit den jeweiligen Wahrnehmungsmustern verkoppelt, die in dieser Situation von der Mutter, also sozusagen von außen, zum Gehirn des ungeborenen Kindes durchgedrungen sind: das Singen, die Musik, das Schaukeln und Streicheln oder eben auch bestimmte Aromen im Fruchtwasser. Und weil diese Wahrnehmungen eben schon vor der Geburt mit einem guten Gefühl verknüpft wurden, freut sich das Kind nun auch nach der Geburt jedes Mal, wenn es das Singen, die Musik, das Geschaukeltwerden, das Streicheln, die Stimme oder den Duft der Mutter wiedererkennt. All das ist ihm nicht nur vertraut, sondern tut ihm gut. Und wenn das für beide so ist, dann entsteht Resonanz, die nicht nur beide miteinander schwingen lässt, sondern auch beider Vertrauen stärkt, miteinander schwingen zu können.

Zusätzlich wurde während des Geburtsvorgangs von der Neurohypophyse der Mutter vermehrt ein bestimmtes Peptidhormon, Oxytocin, ausgeschüttet, das über das Blut sowohl in das mütterliche wie in das kindliche Gehirn gelangte. Dort wurden bestimmte neuronale Netzwerke aktiviert, die dieses Gefühl von Vertrauen noch zusätzlich verstärkten. Dasselbe Hormon und noch ein weiteres, Prolactin, werden nach der Geburt bei jedem Stillvorgang vermehrt gebildet. Beide gelangen ins Gehirn der Mutter und über die Muttermilch auch in das des Säuglings und aktivieren als sogenannte Bindungshormone ebenfalls diese Vertrauen auslösenden Netzwerke. Wenn das Kind per Kaiserschnitt entbunden wurde und nicht gestillt werden konnte, fehlt diese hormonelle Bindungsverstärkung. In diesen Fällen greift dann meist die letzte biologisch eingebaute Sicherung: das sogenannte Kindchenschema. Die großen Augen, das Lächeln des Säuglings, seine Hilfsbedürftigkeit lösen bei der Mutter ein Gefühl aus, das wie ein Instinkt wirkt und sie normalerweise dazu bringt, sich ihrem Baby zuzuwenden und es zu bemuttern.

All das funktioniert freilich am leichtesten und am besten mit der eigenen Mutter. Aber menschliche Neugeborene sind so offen und so sehr auf den Aufbau einer engen Beziehung ausgerichtet, dass es, wenn die eigene Mutter nicht zur Verfügung steht, auch einer Ersatzmutter und auch dem Vater sehr leicht gelingt, eine solche Sicherheit bietende Bindungsbeziehung aufzubauen. Das schon aus vorgeburtlichen Erfahrungen erwachsene Bedürfnis nach Nähe und Geborgenheit ist im Gehirn des Kindes in Form charakteristischer neuronaler Netzwerkstrukturen verankert, die auch als »Bindungssystem« bezeichnet werden. Immer dann, wenn dieses System aktiviert wird, sucht das Kind nach Zuwendung und Nähe.

Kann dieses Bedürfnis nicht gestillt werden, passiert im kindlichen Gehirn das Gleiche, was auch in unserem Gehirn eines Erwachsenen immer dann passiert, wenn wir nicht das bekommen, was wir für das Überleben und unsere Weiterentwicklung brauchen. Es entstehen Unruhe, Übererregung, Angst, Panik, Stress.

Dann wird auch schon im kindlichen Gehirn gewissermaßen der Schalter umgelegt – vom Wachstum von Nervenzellfortsätzen und Synapsenbildung auf schnelles Funktionieren, von Offenheit, Entdeckerfreude und Gestaltungslust auf Behebung des Notstands, auf Wiedererlangung des verlorenen Gleichgewichts, aufs nackte Überleben. Was normalerweise während des ersten Lebensjahres im Gehirn, vor allem im Cortex, passiert, nämlich die Bereitstellung eines übergroßen Angebotes an neuronalen Netzwerken und synaptischen Verschaltungen, bricht dann vorzeitig ab. Stattdessen werden nun vor allem all jene Vernetzungen gebahnt und stabilisiert, die in dieser für das Kind gefährlichen und lebensbedrohlichen Situation das Überleben sichern.

Das Gehirn wird so, wie man es benutzt, hatten wir schon festgestellt. Und wie und wofür schon ein kleines Kind sein Hirn benutzt, hängt davon ab, was für das betreffende Kind besonders bedeutsam ist. Bei Verunsicherung ist das die Wiedererlangung von Sicherheit, bei Angst ist das die Zurückgewinnung von Vertrauen, bei Bedrohungen ist das das Wiederfinden von Geborgenheit. Aufgrund ihrer konstitutionellen Schwäche verlieren die kleinen Jungen ihr Gleichgewicht in der Regel etwas leichter als Mädchen. Und wegen ihres durch die vorgeburtlichen Testosteronwirkungen bereits mit auf die Welt gebrachten etwas stärkeren Antriebs (der nach vorn gerückten Pauken und Trompeten in ihrem Hirnorchester) reagieren sie in solchen Situationen im Durchschnitt auch etwas anders, meist etwas vehementer, als Mädchen.

Kurze Phasen der Irritation, der Übererregung, der Verunsicherung, der Angst und Bedrohung sind allerdings unvermeidlich und sind auch als Wachstumsmotoren notwendig. Sie gehen unter die Haut, lösen negative Gefühle aus und verleihen so bestimmten Erlebnissen und den damit einhergehenden Wahrnehmungen eine besondere Bedeutung. Sie zwingen das Kind zu einer Reaktion, und wenn diese sich als geeignet und zweckmäßig zur Behebung des Problems erweist, hat es eine wichtige eigene Erfahrung gemacht. Im Gehirn kommt das entstandene Durcheinander zur Ruhe und immer dann, wenn einem Kind so etwas gelingt, wird das sogenannte Belohnungszentrum aktiviert, was zu einer vermehrten Ausschüttung von Dopamin und Endorphin führt. Diese sogenannten neuroplastischen Botenstoffe sorgen über die Aktivierung entsprechender Rezeptoren dafür, dass von all jenen Nervenzellen, die diese Dopamindusche abbekommen haben, vermehrt Eiweiße gebildet werden, die für das Auswachsen von Nervenzellfortsätzen, die Neubildung von Synapsen und die Verstärkung synaptischer Kontakte gebraucht werden.

Auf diese Weise kommt es immer dann, wenn das Kind eine neue Herausforderung erfolgreich bewältigt hat, zur Bahnung und Stabilisierung all jener Nervenzellverknüpfungen und Netzwerke, die dabei in seinem Hirn aktiviert werden. So wird das Kind bei der Bewältigung einer derartigen Herausforderung, je häufiger sie gelingt, immer besser. Was anfangs noch schwierig war und bedrohlich wirkte, wird nun immer leichter und auch spannender. Die ursprüngliche Angst verwandelt sich in Freude und Begeisterung. Das Selbstvertrauen wächst und damit auch die Lust auf weitere Entdeckungen und die Freude am eigenen Handeln und Gestalten. Das Kind beginnt nun immer häufiger nach solchen Gelegenheiten zu suchen, bei denen es dieses Gefühl erneut erleben kann. Von außen betrachtet erscheint es so, als wolle es sich nun ständig selbst beweisen, was es schon alles kann. So erschließt sich jedes Kind schrittweise seine jeweilige Lebenswelt, macht eine neue Erfahrung nach der anderen und wächst mit jeder erfolgreich bewältigten Herausforderung immer wieder ein Stück über sich selbst hinaus. Damit stillt es sein Grundbedürfnis nach Wachstum, Potenzialentfaltung, Autonomie und Freiheit.

Zwangsläufig gerät es dabei über kurz oder lang in eine Situation, in der es mit seinen Autonomiebestrebungen an die Grenze dessen stößt, was seine engsten Beziehungspersonen noch zu tolerieren bereit sind. Jungen passiert das aufgrund des stärkeren Antriebs, mit dem sie unterwegs sind, meist etwas früher als Mädchen: Die Sicherheit bietende Bindungsbeziehung beginnt angesichts der immer häufigeren Ermahnungen und Belehrungen, der von den Eltern immer deutlicher gesetzten Grenzen und Vorgaben, ihrer Ablehnungen und Zurückweisungen an Verlässlichkeit zu verlieren.

Jetzt wird es schwierig, denn nun gerät jeder kleine Junge zum ersten Mal in seinem Leben in ein Dilemma, das er auf irgendeine Weise lösen muss. Weil es aber so schwer lösbar ist, wird ihn dieses Dilemma auf seinem weiteren Lebensweg immer wieder und immer wieder in neuer Gestalt begegnen. Das Dilemma besteht darin, dass sich seine beiden Grundbedürfnisse, einerseits das nach Verbundenheit, Nähe und Geborgenheit und andererseits das nach Wachstum, Potenzialentfaltung, Autonomie und Freiheit, nur schwer gleichzeitig stillen lassen. Sein Autonomiestreben treibt ihn allzu leicht aus der Verbundenheit und sein Bindungsbedürfnis hindert ihn allzu leicht an der freien Entfaltung seiner Potenziale.

All das geschieht freilich unbewusst, und in dieses Dilemma geraten Jungen und Mädchen gleichermaßen. Es äußert sich als ein Gefühl innerer Unruhe und Erregung, das immer dann ausgelöst wird, wenn eines dieser beiden Grundbedürfnisse nicht gestillt werden kann. Weil diese kleinen Entdecker und Gestalter aber die Sicherheit des Angenommenseins, des Dazugehörens, also des Verbundenseins mit den für sie wichtigen Personen, so sehr brauchen, versuchen sie zunächst auch alles zu tun, was nur irgendwie dazu beiträgt, von diesen Personen gemocht, akzeptiert, gesehen oder zumindest beachtet zu werden. Wer diese für sie wichtigsten Bezugspersonen sind, ob es sich dabei primär noch um die Mutter oder inzwischen eher um den Vater, ob es sich um andere Familienmitglieder, Geschwister, Großeltern oder um die gleichaltrigen Freunde aus der Peergroup handelt – immer sind die Kinder bereit, genau das nun auch selbst für besonders bedeutsam zu halten, was diesen Personen besonders wichtig ist. Er oder sie wird sich nach besten Kräften darum bemühen, deren Vorstellungen, Erwartungen und Wünsche zu erfüllen.

Wann ein Kind in das beschriebene Dilemma gerät, ist im Einzelfall nur schwer einzuschätzen. Zu suchen wäre dieser Zeitpunkt ab der Vollendung des ersten Lebensjahres. Dann nämlich hat der Prozess der Ausbildung eines enormen Überangebots an neuronalen Verknüpfungen in seinem Gehirn, insbesondere im Cortex, den Höhepunkt erreicht. Danach führt die nutzungsabhängige Strukturierung ganz bestimmter Verschaltungsmuster dazu, dass besonders häufig aktivierte Netzwerke immer stärker gebahnt und stabilisiert und dafür andere, nur selten oder überhaupt nicht genutzte Verschaltungsangebote dieses anfänglich bereitgestellten überschüssigen Verknüpfungspotenzials wieder aufgelöst, eliminiert werden. Jetzt also, nach dem ersten Lebensjahr, beginnen vor allem die für die Steuerung aller komplexeren Leistungen zuständigen Netzwerke im Cortex sich anhand ihrer jeweiligen Nutzung, entsprechend der Häufigkeit ihrer Aktivierung, herauszuformen. Wie und wofür ein Kind sein Gehirn nun in immer stärkerem Maße benutzt, was es ausprobiert, wofür es sich interessiert, wobei es sich anstrengt und was es dabei alles lernt und als neue Erfahrung in seinem Hirn verankert, hängt von diesem Zeitpunkt an nicht mehr in erster Linie von ihm selbst und seinen bis dahin durch biologische Faktoren bestimmten eigenen Aktivitäten ab, sondern wird zunehmend von dem bestimmt, was ihm besonders bedeutsam und deshalb erstrebenswert erscheint. Und das ist freilich in erster Linie all das, was seinen erwachsenen Bezugspersonen und all jenen bedeutsam und wichtig ist, mit denen es sich verbunden fühlt, die ihm Sicherheit und Geborgenheit bieten.

Indem die kleinen Jungen nun versuchen, die Erwartungshaltungen, die Wünsche und Hoffnungen derjenigen Menschen zu erfüllen, mit denen sie sich eng verbunden fühlen, übernehmen sie auch deren Vorstellungen davon, worauf es ihnen im Leben ankommt, was ihnen wichtig und bedeutsam ist. Nun haben aber diese Bezugspersonen, weil sie ja schon älter sind, ihrerseits bereits eine mehr oder weniger ausgeprägte geschlechtsspezifische Identität und ein mehr oder weniger bewusst vertretenes Rollenverständnis von »männlich« und »weiblich« herausgebildet. Deshalb ist das, was sie von einem Jungen erwarten, was sie für Jungs wichtig finden und worauf es in ihren Augen für einen Jungen ankommt, zwangsläufig etwas anderes als bei einem Mädchen: Sobald ein Junge selbst zu begreifen beginnt, dass er eben ein Junge und kein Mädchen ist, wird all das, was seine männlichen oder weiblichen Bezugspersonen für das männliche Geschlecht als bedeutsam erachten, nun auch für ihn besonders wichtig. So beginnt sich normalerweise jeder Junge mit den als »männlich« definierten Vorstellungen und Zuschreibungen derjenigen Personen zu identifizieren, mit denen er sich eng verbunden fühlt. Weil sie ihm besonders wichtig sind, ist ihm auch das besonders wichtig, was diese Personen von ihm erwarten. Und indem er diese Erwartungen zu erfüllen versucht, nutzt und strukturiert er sein Gehirn fortan nicht mehr so, wie er es – wenn er ein Mädchen wäre – auch sonst noch tun könnte. Weil für ihn nun zunehmend anderes bedeutsam wird, als das für Mädchen der Fall ist, macht er auch andere Erfahrungen. Und indem diese anderen Erfahrungen in seinem Gehirn in Form bestimmter neuronaler Verschaltungsmuster verankert werden, bekommt er so auch ein anderes Gehirn.

Dieser Prozess der Aneignung des geschlechtsspezifischen Rollenverständnisses und die damit einhergehende, diesem Rollenverständnis entsprechende Strukturierung des kindlichen Gehirns läuft in dieser Weise seit Urzeiten in jeder Generation immer wieder von Neuem ab. Es handelt sich hierbei um einen sich selbst organisierenden Prozess, in dessen Verlauf jeder Junge von dem Zeitpunkt an, an dem er begreift, dass er ein Junge ist, sich so weiterentwickelt, wie das von den Mitgliedern der Gemeinschaft erwartet wird, mit denen er sich verbunden fühlt. Vermeiden ließe sich diese Entwicklung nur dann, wenn es in dieser Gemeinschaft keine geschlechtsspezifischen Unterschiede gäbe oder der betreffende Junge seine eigene Geschlechtszugehörigkeit entweder nicht erkennt oder aus irgendwelchen Gründen ablehnt. Solange das nicht der Fall ist, suchen kleine Jungs, fast so, als wären sie mit feinen Antennen ausgestattet, nach allem, was in den Augen ihrer Bezugspersonen als »männlich« gilt, eignen es sich an und entwickeln eine entsprechende männliche Identität.

Die Herausbildung dieser männlichen Identität ist also kein passiver Prozess, in dessen Verlauf bestimmte Rollenvorstellungen einfach nur übernommen werden. Die Ausformung einer eigenen männlichen Identität ist ein vom Kind aktiv gestalteter Selbstbildungsprozess. Dieser Prozess ist für kleine Jungen schmerzhaft und verlustreicher, als wir uns das vorzustellen imstande sind. Ihr sich entwickelndes Gehirn hatte seine innere Struktur und Arbeitsweise, also seine neuronalen Verschaltungen und synaptischen Verbindungen, ja auch schon an all das angepasst, womit es bisher in einer engen Beziehung stand. Das waren zunächst, während der gesamten vorgeburtlichen Entwicklung, aber auch im weiteren Leben in jedem Moment der eigene Körper und all das, was in diesem Körper – mit und ohne Zutun des Gehirns – passierte. Alles, was im Gehirn an Signalen aus dem Körper ankam, führte zum Aufbau charakteristischer Erregungsmuster innerhalb der im Gehirn ausgebildeten neuronalen Netzwerke. Je häufiger ein solches spezifisches Erregungsmuster entstand, desto stärker wurden die daran beteiligten synaptischen Verbindungen gebahnt und gefestigt. Im Gehirn formten sich so zunehmend komplexer werdende, strukturell verankerte Repräsentationen der aus dem eigenen Körper eintreffenden Signal- (wie auch der im Gehirn erzeugten Reaktions- oder Antwort-) Muster heraus.

Später, als die Sinnesorgane ihre durch spezifische Wahrnehmungen entstandenen Erregungsmuster zum Gehirn (sensorischer Cortex) weiterleiteten, wurden auch diese Sinneseindrücke als Repräsentationen der jeweils gemachten Sinneserfahrungen im Gehirn herausgeformt und mit den jeweiligen Antwort- und Reaktionsmustern auf die betreffende Wahrnehmung verbunden. Und noch später, als der heranwachsende Junge zunächst mit seinen Eltern und dann mit immer mehr anderen Menschen in Beziehung trat, wurden diese Beziehungserfahrungen in den höheren, komplexesten Bereichen des Gehirns, im Frontallappen, in Form sogenannter Metarepräsentationen verankert.

Wenn ein kleiner Junge nun versucht, so zu werden, wie seine Bezugspersonen das von ihm erwarten, kann das, was auf diese Weise bisher in seinem Gehirn abgespeichert worden ist, zu einem Problem werden. Denn allzu oft passen diese von anderen Menschen übernommenen Verhaltensweisen und Überzeugungen nicht mehr so recht zu den älteren, durch eigene Körpererfahrungen und Wahrnehmungen gemachten Erfahrungen. So wird beispielsweise das Bedürfnis, sich zu bewegen, durch entsprechende Maßregelungen oder allein schon durch das Vorbild von Erwachsenen mehr oder weniger stark eingeschränkt. Der anfangs noch vorhandene Impuls, den ganzen Körper einzusetzen, um das eigene Befinden zum Ausdruck zu bringen, wird nun mehr oder weniger deutlich unterdrückt. Gefühle von Angst und Schmerz, auch von übermäßiger Freude und Lust, werden im Zusammenleben mit anderen zunehmend kontrolliert.

Auf diese Weise passt sich jeder Junge im Verlauf seiner Kindheit an die Vorstellungswelt und Verhaltensweisen der Erwachsenen an, mit denen er aufwächst. Später, als Jugendlicher, orientiert er sich zunehmend an den Denk- und Verhaltensweisen seiner Altersgenossen, aus den Peergroups, zu denen er gehört oder gern gehören möchte. Ohne es selbst zu bemerken, entfernt er sich im Verlauf dieses Anpassungsprozesses immer weiter von dem, was sein Denken, Fühlen und Handeln ursprünglich, als er noch ein kleines Kind war, primär geprägt hat: die eigene Körpererfahrung und die eigene Sinneserfahrung. Sein Körper und die aus seiner Körperlichkeit erwachsenden Bedürfnisse werden – weil sie dem starken Bedürfnis nach Zugehörigkeit und Anerkennung, nach Identitätsentwicklung und Selbstentfaltung im Wege stehen – als Hindernis betrachtet und deshalb unterdrückt und verdrängt.

In machen Kulturen ist der Druck zu einer derartigen Entfremdung und Instrumentalisierung des Körpers stärker, in anderen vielleicht auch weniger ausgeprägt als bei uns. Aber gänzlich entgehen kann diesem Druck kein Junge, der in eine Gemeinschaft von Menschen hineinwächst, die bestimmte Vorstellungen davon haben, wie man zu sein hat, um als männliches Mitglied akzeptiert zu werden. Genau dieses Bedürfnis, irgendwie dazugehören zu wollen, ist der Schlüssel zum Verständnis dieses sonderbaren Anpassungsprozesses, der vor allem Jungen dazu bringt, ihr Gefühl von ihrem Verstand und ihren Körper von ihrem Gehirn abzutrennen.

Ein leider noch immer sehr entscheidender Auslöser für die fortwährende Anpassung dieser eigenen Vorstellungen und handlungsleitenden Muster an die in der jeweiligen Gemeinschaft herrschenden Strukturen ist die Angst – entweder die vor einer angedrohten Strafe oder die vor der Verweigerung einer Belohnung in Form von Zuwendung und Wertschätzung. Immer dann, wenn es einem Jungen gelingt, sich so zu verhalten, dass die Angst nachlässt, kommt es in seinem Gehirn zur Stabilisierung und Bahnung der dabei (zur Vermeidung der angedrohten Bestrafung oder zur Erlangung einer in Aussicht gestellten Belohnung) aktivierten neuronalen Verknüpfungen. So lernt jeder Junge bereits sehr früh und auch entsprechend nachhaltig all das, worauf es für ein möglichst ungestörtes Zusammenleben für ihn als Junge in seiner jeweiligen Gemeinschaft ankommt.

Ebenso wirksam, aber wesentlich subtiler – und im Gegensatz zu diesem »Dressurlernen« von allen Beteiligten weitgehend unbemerkt – erfolgt das sogenannte Resonanz- oder Imitationslernen. Erst vor wenigen Jahren entdeckten die Hirnforscher sogenannte Spiegelneurone im prämotorischen Cortex von Affen, die immer dann miterregt werden, wenn ein Affe einen Affen bei bestimmten Bewegungsabläufen beobachtet. Bei Kindern scheint die Fähigkeit, bei anderen beobachtete Verhaltensweisen durch den Aufbau eines eigenen, das beobachtete Verhalten repräsentierenden Erregungsmusters bereits sehr früh ausgebildet zu sein. Kinder schließen auch in ähnlicher Weise durch Beobachtung aus dem Verhalten ihrer wichtigen Bezugspersonen, wie die Welt wahrgenommen und eingeschätzt werden muss und wie man sich in ihr bewegt. Dieses Imitationslernen bildet die Grundlage für die Weitergabe von Wahrnehmungs-, Bewertungs- und Verhaltensmustern von einer Generation zur nächsten.

Durch solche Spiegelungen des Verhaltens von Vorbildern, meist noch verstärkt durch entsprechende Hinweise und Maßregelungen, lernen Jungs sehr schnell und außerordentlich effizient, wie sie sich verhalten müssen, um in die Gemeinschaft zu passen, in die sie hineinwachsen. Am deutlichsten zutage treten solche durch Spiegelung und Imitation erlernten Verhaltensweisen immer dann, wenn man Jungs in Gegenwart eines besonders prägenden Vorbildes beobachtet. Dann wird sichtbar, wie sehr sie sich bemühen, die Körperhaltung, die Mimik und Gestik des bewunderten Vorbildes nachzuahmen. Das kann der Vater sein, häufig sind es aber auch etwas ältere Geschwister oder Spielkameraden und nicht selten auch irgendein männliches Idol aus Kino oder Fernsehen. Weniger deutlich sichtbar, aber aus den verbalen Äußerungen und Kommentaren zumindest anfänglich noch erkennbar, eignen sich Jungen auch bestimmte geistige Haltungen und Vorstellungen dieser Vorbilder an. Dabei werden diese Ideen im Lauf ihrer weiteren Entwicklung im eigenen Denken immer wieder durchgespielt und so oft wiederholt, bis die dabei aktivierten neuronalen Erregungsmuster so gut gebahnt und stabilisiert worden sind, dass sie dem Heranwachsenden auch weiterhin als strukturell verankerte Korrelate, als internalisierte Vorstellungen zur Verfügung stehen, um daraus Orientierungen und geistige Grundhaltungen abzuleiten und subjektive Bewertungen neuer Eindrücke und Erfahrungen vorzunehmen.

Etwa ab dem vierten Lebensjahr lässt sich beobachten, dass Jungen nun auch all jene Strategien ihrer männlichen Vorbilder übernehmen, die diese zur Regulation ihrer eigenen emotionalen Befindlichkeit einsetzen. Dazu zählen sowohl das Verstecken von Gefühlen wie auch das übertriebene Zurschaustellen von emotionalen Gesten und mimischen Ausdrucksformen. Anhand dieser Vorbilder lernen sie nun zunehmend besser, ihre Gefühle zu beherrschen oder zum Erreichen bestimmter Ziele bestimmte emotionale Ausdrucksformen einzusetzen. Die ursprüngliche Offenheit des kindlichen emotionalen Ausdrucks wird nun immer stärker in eine private Gefühlswelt internalisiert. Vor allem in den westlichen Kulturen führt das zu einer zunehmenden Entkopplung der durch Mimik und Gestik zum Ausdruck gebrachten und der tatsächlich subjektiv empfundenen Gefühle. Die eigenen Gefühle werden so immer stärker kontrolliert und vom Körperempfinden abgetrennt. Bei Mädchen passiert das auch, aber anhand anderer, eben weiblicher Vorbilder.

5. Station
Die Jugend: durchgeboxt und ausgehalten

Der Übergang von der Kindheitsphase zum Jugendalter ist flie-ßend und eine Vielzahl der in der Kindheit bei den kleinen Jungen bereits abgelaufenen Selbstbildungsprozesse setzen sich nun lediglich fort. Sie werden dabei weiter ausdifferenziert, gewinnen an Kontur und treten vielfach auch erst jetzt auf der Verhaltens-ebene und der Ebene von inneren Einstellungen, Überzeugun-gen und Vorstellungen zunehmend deutlicher zutage. Aus den anfänglich noch sehr feinen und auch vielfach verzweigten ge-schlechtsspezifisch gebahnten Nervenwegen im Gehirn der klei-nen Jungen werden nun allmählich gut befahrbare Straßen und bisweilen auch eingefahrene Autobahnen, auf denen die größe-ren Jungen bis zum Eintritt der Pubertät zunehmend sicherer und meist auch recht unbeirrbar unterwegs sind. Die Richtun-gen, in die diese Straßen und Autobahnen verlaufen, sind in viel stärkerem Maß, als sich das die meisten Eltern damals vor-stellen konnten, bereits durch die während der frühen Kindheit gemachten Erfahrungen bestimmt worden. Hierbei handelte es sich in erster Linie um Erfahrungen auf der Suche nach Halt bei den primären Bezugspersonen. Das Bedürfnis nach Verbun-denheit mit diesen Personen war so stark, dass die Jungs damals noch bereit waren, all das als bedeutsam für sich selbst zu be-werten, was diese Menschen für wichtig hielten.

Jetzt, in der Jugendphase, wird für die nun etwas sicherer gewordenen Jungen auch anderes bedeutsam: das, was vor allem die anderen Jungen und »männliche« Vorbilder tun und sagen, die nicht zum Kreis der primären Bezugspersonen zählen. So ge-raten diese etwas größer gewordenen Jungen erneut in das alte Dilemma der beiden so schwer gleichzeitig zu befriedigenden Grundbedürfnisse. Aber diesmal – und das ist ein recht geeigne-tes Kriterium, um Kindheit und Jugend voneinander abzugren-zen – entscheiden sie sich nicht für die vertraute Verbundenheit und verzichten auf ihre autonome Entwicklung als nach allen Seiten offene Weltentdecker und -gestalter. Dieses Mal entschei-den sich die Jungen für ihre Autonomie, auch wenn das zu Kon-flikten mit Mutter und Vater oder anderen bisher wichtigen Be-zugspersonen führt. Jetzt machen sie zunehmend das, was ihnen wichtig und bedeutsam erscheint, auch wenn es zu Hause Ärger gibt. Halt finden sie nun dank ihrer gewachsenen Kompetenzen, des bereits angeeigneten Wissens und der inzwischen erworbenen Fähigkeiten in sich selbst, und – wenn das nicht reicht – bei Gleichgesinnten, in Jungengruppen, zu denen sie sich nun zugehörig, in deren Gemeinschaft sie sich sicher und geborgen fühlen.

Je geringer das Selbstvertrauen war, das sie als Haltsuchende in ihrer Herkunftsfamilie zu entwickeln Gelegenheit hatten, desto stärker müssen sie nun in diesen neuen Halt bietenden Gemeinschaften versuchen sich hervorzutun, die Vorstellungen und Verhaltensweisen ihrer Mitglieder zu übernehmen und dabei ihr Gehirn so zu benutzen, dass es so wird, wie es verlangt oder erwartet wird. Erkennbar ist diese Phase auch daran, dass sie jetzt mit Mädchen und dem, was die machen und wichtig finden, nichts mehr zu tun haben wollen. Nie wieder driften die Interessen, Beschäftigungen und Verhaltensweisen zwischen beiden Geschlechtern so weit auseinander wie während dieser Phase. Zum Glück kommt bald die Pubertät, die Jungen und Mädchen dann doch wieder etwas näher zusammenbringt.

Vorher allerdings, kurz vor der Pubertät, werden manche Jungs, die nun hinreichend Halt in sich selbst und in ihrer Peergroup gefunden haben, bisweilen enorm offen und sensitiv für etwas, was man ihnen in diesem Alter kaum zutraut: für die Suche nach Sinn. Mit feinen Antennen beginnen sie abzutasten, was geeignet wäre, ihrem eigenen Leben einen Sinn zu verleihen. Jetzt kann man nur hoffen, dass diese Jungen nicht in den Dunstkreis irgendwelcher Scharlatane oder in den Bann der virtuellen Welten ihrer Computerspiele geraten. Sie suchen nach Aufgaben, an denen sie wachsen können, und nach Gemeinschaften, in denen sie sich geborgen fühlen. Und weil sie noch nicht wissen, was diese Aufgaben sein könnten und wodurch sich solche Gemeinschaften auszeichnen, brauchen sie erwachsene Vorbilder, die ihnen in dieser Phase als Orientierungshilfen zur Seite stehen. Gleichaltrige können das nicht. Und Eltern, die das Erledigen von Hausaufgaben und das Heruntertragen des Mülleimers für Aufgaben halten, an denen ihr Sohn wachsen kann, eignen sich dafür auch nicht.

6. Station
Die Pubertät: durchgeschüttelt und neu sortiert

Die Pubertät ist nicht die schwierigste, oft aber die turbulenteste und eindrücklichste Übergangsphase eines männlichen Lebenslaufs. Plötzlich verändert sich der eigene Körper, das Gehirn wird von den nun vermehrt ausgeschütteten Sexualhormonen überflutet und der bis dahin beschützte Bereich der Kindheit und Jugend ist endgültig vorbei. Es gibt kein Zurück. Man muss erwachsen werden. Das ist sehr viel auf einmal und bringt einiges im Gehirn durcheinander, vor allem in den komplexeren Bereichen, der präfrontalen Rinde.

Die Jugendlichen sind verunsichert, sie müssen sich neu orientieren, sie haben Angst vor dem, was auf sie zukommt. Im präfontalen Cortex, wo die bisher entwickelten Vorstellungen und Erwartungen mit den neuen Realitäten verglichen und abgestimmt werden, kommt es zur Ausbreitung unspezifischer Erregungen. Die dort lokalisierten, hochkomplexen, handlungsleitenden, das Denken ordnenden und die Gefühle kontrollierenden neuronalen Netzwerke können angesichts dieser allgemeinen Übererregungen nicht mehr als spezifische Muster aktiviert werden. Damit gehen die durch diese Netzwerke vermittelten Metakompetenzen gewissermaßen im Rauschen des allgemeinen Durcheinanders unter.

Ähnlich geht es auch noch gelegentlich nach der Pubertät in Phasen starker psychoemotionaler Verunsicherung im Gehirn zu: vorübergehendes Frontalhirndefizit, Rückfall in primitive, oft aus der Kindheit mitgebrachte Verhaltensmuster und schließlich, wenn gar nichts mehr geht – Aktivierung der archaischen Notfallprogramme im Hirnstamm: Angriff, Flucht oder ohnmächtige Erstarrung. Aus diesen primitiven lebensrettenden Verhaltensmustern kommt man nur dann wieder heraus, wenn es gelingt, Ruhe ins Gehirn zu bringen – entweder indem man das belastende Problem löst oder Unterstützung von anderen Menschen bekommt oder auf andere Weise das wiederfindet, was einem in dieser schwierigen Situation abhanden gekommen ist: Vertrauen in sich selbst, Vertrauen zu anderen Menschen und, nicht zuletzt, das Vertrauen, dass es wieder gut wird. Die pubertierenden Jugendlichen müssten deshalb Gelegenheit geboten bekommen, verloren gegangenes Vertrauen in sich, zu anderen, zum Gehaltensein in dieser Welt wiederzufinden. Je besser es Eltern, Lehrern und Freunden gelingt, ihnen Gelegenheit zu bieten, dieses Vertrauen zurückzugewinnen, desto schneller erholt sich ihr Frontalhirn von der bis dahin dort herrschenden Übererregung und desto besser können sie ihre Metakompetenzen wieder abrufen.

Voraussetzung dafür ist freilich, dass es ihnen bis zum Eintritt in die Pubertät gelungen ist, ihr Frontalhirn hinreichend gut auszubilden und dass es sich in ihren Augen lohnt, erwachsen zu werden. Ersteres ist bei vielen Jugendlichen nicht der Fall und Letzteres wird ihnen extrem schwer gemacht in einer vom Jugendwahn besessenen Erwachsenenwelt, in der pubertierende Jugendliche den Eindruck gewinnen müssen, es gäbe nichts Schlimmeres, als erwachsen und damit älter zu werden. Angesichts dieser Perspektive ist die Flucht pubertierender Jugendlicher in soziale Nischen (»Hotel Mama«), in Peergroups mit eigenen Subkulturen, in die virtuellen Welten von Computerspielen oder Chat-Rooms oder gar in Essstörungen und andere Psychopathologien eine aus ihrer Sicht sinnvolle Option. Für die weitere Ausformung der in ihrem Frontalhirn zu verankernden Metakompetenzen sind das allerdings die ungünstigsten aller möglichen Lösungen.

Dass es auch anders, besser gehen könnte und dass diese Übergangsphase als ein wichtiger Schritt auf der Stufenleiter der Transformation zum Mann verstanden und erlebt werden kann, lässt sich inzwischen auch aus neurobiologischer Perspektive gut begründen. Ein vorübergehendes Frontalhirndefizit während der Pubertät gibt es ja nicht nur bei uns, sondern auch bei fast allen anderen sozial lebenden Säugetieren. Besonders stark macht es den männlichen Exemplaren zu schaffen. Oft treibt sie der ansteigende Testosteronspiegel in ein derartig aufsässiges und alle soziale Regeln verletzendes Verhalten, dass diese pubertierenden Männchen aus der jeweiligen Sippe oder Gruppe ausgestoßen werden. Sie müssen dann versuchen, ein Weibchen aus einer fremden Sippe zu betören, und wenn ihnen das gelingt, werden sie von ihr in deren Gemeinschaft eingeführt. So wird Inzucht verhindert, was auch der biologische Sinn der Pubertätswirren im Frontalhirn der Vertreter des männlichen Geschlechts zu sein scheint.

Nun sind wir aber keine Affen oder Nacktmulle, sondern Menschen. Und unser Frontalhirn ist diejenige Hirnregion, durch die wir uns am deutlichsten von unseren tierischen Verwandten unterscheiden. Interessanterweise ist es auch diejenige Hirnregion, die in besonderer Weise durch den Prozess strukturiert wird, den wir Erziehung und Sozialisation nennen. Aber eines macht uns bei diesen im Frontalhirn verankerten Metakompetenzen schwer zu schaffen: Sie lassen sich nicht unterrichten. Das gilt insbesondere für solche Fähigkeiten wie vorausschauend zu denken und zu handeln (strategische Kompetenz), komplexe Probleme zu durchschauen (Problemlösungskompetenz) und die Folgen des eigenen Handelns abzuschätzen (Handlungskompetenz, Umsicht), die Aufmerksamkeit auf die Lösung eines bestimmten Problems zu fokussieren und sich dabei entsprechend zu konzentrieren (Motivation und Konzentrationsfähigkeit), Fehler und Fehlentwicklungen bei der Suche nach einer Lösung rechtzeitig erkennen und korrigieren zu können (Einsichtsfähigkeit und Flexibilität) und sich bei der Lösung von Aufgaben nicht von aufkommenden anderen Bedürfnissen überwältigen zu lassen (Frustrationstoleranz, Impulskontrolle).

»Exekutive Frontalhirnfunktionen« nennen die Hirnforscher diese Metakompetenzen. Sie werden für alle bewussten Entscheidungsprozesse und für die Lenkung des eigenen Verhaltens gebraucht. Je nach Erfahrungsschatz und individueller Ausprägung dieser Kontrollfunktionen können Jugendliche und später auch Erwachsene ihr Verhalten in einer Situation, die Initiative erfordert, unterschiedlich gut steuern. Wie gut die Herausformung dieser Metakompetenzen bis zur Pubertät gelungen ist, hängt von den eigenen Erfahrungen ab, die ein Junge bis dahin machen könnte. Entscheidend dafür sind all jene Personen, die das Umfeld eines jungen Menschen prägen, die es ihm ermöglichen, entsprechende Erfahrungen zu machen.

In gewisser Weise lässt sich die erfahrungsabhängige Strukturierung neuronaler Netzwerke und synaptischer Verschaltungsmuster auf den verschiedenen Ebenen des sich entwickelnden Gehirns mit der Herausbildung der älteren und jüngeren Schichten einer Zwiebel vergleichen: Die sehr früh entstandenen neuronalen Verschaltungen für die basale Regulation der vielfältigen im Körper ablaufenden Prozesse wie Atmung, Kreislauf oder einfache motorische Reflexe werden in den inneren Zwiebelschichten, dem Hirnstamm, verankert. Darüber, in den Bereichen des Thalamus, Hypothalamus und limbischen Systems, bilden sich auf der Grundlage dieser im Hirnstamm angelegten Regelkreise komplexere Netzwerke heraus, die bei entsprechender Aktivierung nun ihrerseits in der Lage sind, die tiefer im Hirnstamm lokalisierten Regelkreise zur Steuerung einzelner Körperreaktionen zu einer konzertierten Aktion zusammenzubinden. Ein typisches Beispiel hierfür bilden die durch eine Bedrohung bzw. durch Angst (und die damit einhergehende Aktivierung der Amygdala und anderer Bereiche des limbischen Systems) im Hirnstamm ausgelösten, zu einer ganzheitlichen Körperreaktion zusammengebundenen Reaktionsmuster (stockender Atem, rascnder Puls, Schweißausbruch, weiche Knie, flaues Gefühl in der Magengegend, angespannte Körperhaltung etc.).

Das Gleiche gilt für die mit Lust und Freude, mit Verlust und Trauer oder anderen Affektmustern einhergehenden Körperreaktionen: Das limbische System fungiert jeweils als ein übergeordnetes Metasystem, das den in den tiefer liegenden, früher herausgeformten und älteren Strukturen des Stammhirns lokalisierten Regelkreisen gewissermaßen Sinn verleiht, indem es sie zu spezifischen konzertierten Reaktionen bündelt. In gleicher Weise lässt sich der Cortex als eine weitere, über dem limbischen System liegende Zwiebelschicht verstehen, von der aus die subcortikal generierten Aktivitäten geordnet, gelenkt und gesteuert werden. Der sogenannte präfrontale Cortex bildet schließlich die letzte, äußere Schicht dieses Zwiebelmodells. Hier werden die im Cortex und in den subcortikalen Ebenen generierten Signalmuster aufeinander abgestimmt und in Form subjektiver Bewertungen und Entscheidungen benutzt, um die in diesen Bereichen ablaufenden Prozesse zu steuern. Auf die Frage, wovon dieses Sinn stiftende, für die Handlungsplanung verantwortliche Bewertungs- und Entscheidungssystem im frontalen Cortex gesteuert wird, gibt es eine überraschende Antwort: durch die im Verlauf von Erziehung und Sozialisation in der jeweiligen Herkunftsfamilie und der jeweiligen Herkunftskultur gemachten Erfahrungen. Diese letzte, äußere Zwiebelschicht wird also durch Kräfte geformt und strukturiert, die außerhalb des individuellen Gehirns, in den in einem bestimmten Kulturkreis vorherrschenden Überzeugungen, Haltungen, Einstellungen und Vorstellungen zu suchen sind. Ohne diese prägenden Erfahrungen einer sinnvollen Verankerung des Einzelnen in einer Sinn stiftenden Gemeinschaft fehlen die für die Herausformung dieser hochkomplexen frontocortikalen Netzwerke erforderlichen strukturierenden Kräfte.

Lernt ein Junge also früh, sein Verhalten auch unter erschwerten Umständen eigenmächtig zu steuern und die Folgen richtig einzuschätzen, so wird er die Erfahrung in seinem Frontalhirn abspeichern, schwierige Situationen allein meistern zu können. Das Bewusstsein für diese Fähigkeit ist ein grundlegender Bestandteil gesunden Selbstvertrauens. Mit jedem gelösten Problem wächst das Vertrauen in die eigenen Fähigkeiten und mit ihm der Mut, vor neuen, größeren Problemen nicht zu kapitulieren. Fehlen jedoch die Erfahrungsräume, die eine Aneignung solcher Kompetenzen ermöglichen, kann sich ein gesundes Verhältnis zu neuen Herausforderungen nicht entwickeln. Heranwachsende müssten also in der Schule ermutigt, eingeladen, inspiriert werden, ihrer angeborenen Entdeckerfreude und Gestaltungslust nachzugehen. Nur so können all jene Kompetenzen erfahrungsabhängig in ihrem präfrontalen Cortex verankert werden, die man nicht unterrichten kann, auf die es aber im Leben so sehr ankommt.

Und damit hätten wir die Lösung für das in der Pubertät auftretende Problem, in dem so viele Jungs auf ihren Weg zur Mannwerdung leider allzu lange stecken bleiben: Sie müssten bessere Gelegenheiten geboten bekommen, diese komplexen neuronalen Verschaltungsmuster in ihrem Frontalhirn bereits vor ihrem Eintritt in die Pubertät so gut herauszuformen und zu festigen, dass sie nicht so leicht durcheinandergeschüttelt werden, wenn ihr Testosteronspiegel dann während der Pubertät ansteigt. Was stabiler ist, hält besser.

Gleichzeitig könnten wir Erwachsenen ihnen in dieser schwierigen Phase mehr Halt bieten. Dazu eignen sich Übergangsrituale, wie sie intuitiv in allen menschlichen Gemeinschaften entwickelt, eingesetzt und tradiert worden sind, um schwierige Transformationsprozesse in bestimmten Lebensphasen zu erleichtern. Dass solche Rituale Halt bieten und wieder Ruhe ins Gehirn bringen, wussten Menschen bereits lange bevor Hirnforscher das mit Hilfe bildgebender Verfahren nun auch nachgewiesen haben.

7. Station
Die Mannwerdung: tapfer losgelaufen, aber wohin?

Die biologische Pubertät findet ihr natürliches Ende mit der Geschlechtsreife. Dieser Prozess wird hormonell gesteuert. In Gang gesetzt wird die verstärkte Testosteronbildung durch Signalstoffe aus dem Körper. Eine entscheidende Rolle spielen hierbei sogenannte Leptine, Peptidhormone, die von Fettzellen vermehrt produziert und in den Blutkreislauf abgegeben werden, wenn das körperliche Wachstum an Dynamik verliert und die dadurch frei werdende Energie für den verstärkten Aufbau von Fettreserven verwendet wird. Die Leptine gelangen in das Gehirn und stimulieren über die Freisetzung regulatorischer Peptide im Hypothalamus die Bildung und Abgabe gonadotropher Hormone in der Adenohypophyse. Die gelangen dann mit dem Blut in die Hoden und stimulieren dort die Testosteronproduktion in den Leydig'schen Zwischenzellen der Hodenkanälchen. Das nun vermehrt freigesetzte Testosteron erreicht über den Blutkreislauf alle Körperorgane und dockt an den von den dortigen Zellen exprimierten Steroidrezeptoren an. Der so entstandene Hormon-Rezeptor-Komplex wandert in den Zellkern und wirkt dort als Regulator der Genexpression. Die betreffenden Zellen produzieren nun vermehrt all jene Eiweiße, die an der Herausbildung der typisch männlichen Körpermerkmale beteiligt sind – vom Knochenbau und der Muskulatur über den Haarwuchs bis zum Körpergeruch. Auch im Gehirn kommt es als Folge dieser Veränderungen des Körpers und der erhöhten Testosteronanflutung zu nachhaltigen Umbauprozessen. Außerdem aktiviert Testosteron bestimmte neuronale Netzwerke in den älteren Bereichen des Gehirns und führt so zu einem gesteigerten Antrieb und – nach der Pubertät auch deutlich spürbar – verstärktem sexuellen Begehren. Psychoemotionale Belastungen und die damit einhergehenden Stressreaktionen führen zur Unterdrückung der Testosteronproduktion, ihre Überwindung durch erfolgreich gemeisterte Herausforderungen steigert sie.

Wer als Jugendlicher also ohne allzu große und allzu lang andauernde Seelenqualen durch die Pubertät kommt, wird diese körperlichen Umbauprozesse reibungsloser und ungestörter durchlaufen und zumindest in der Ausprägung seiner biologisch bestimmten männlichen Merkmale deutlicher konturiert. Aber ein Mann ist er deshalb noch nicht!

Und auf dem Weg dorthin steht er nun als junger Erwachsener erneut vor dem gleichen Dilemma wie bisher. Sein Bindungsbedürfnis richtet sich jetzt allerdings nicht mehr auf die primären Bindungspersonen seiner Herkunftsfamilie und auch nicht mehr so sehr auf die Geborgenheit, die ihm seine Gruppenzugehörigkeit bisher geboten hatte. Jetzt richtet sich seine Sehnsucht nach Nähe und Verbundenheit auf das andere Geschlecht und er beginnt nach einer Partnerin zu suchen, mit der er dieses Bedürfnis stillen kann. Gleichzeitig verleiht ihm die erfolgreich überstandene Geschlechtsreifung und Anflutung von Testosteron in seinem Gehirn einen enormen Antrieb, mit dem er nun sein zweites Grundbedürfnis nach autonomer Entwicklung, nach Potenzialentfaltung, nach ungebundener Abenteuerlust und Freiheit zu stillen sucht.

Eine relativ einfache, aber auch nur vorübergehende Lösung für dieses Dilemma finden all jene jungen Männer, denen es gelingt, ihr Autonomiebedürfnis in einen Ausbildungsgang für ihren späteren Beruf zu lenken. Wenn sie Glück haben, finden sie dort Aufgaben, an denen sie wachsen können, und auch neue Gemeinschaften von Auszubildenden, Studenten und bereits Berufstätigen, zu denen sie sich zugehörig, mit denen sie sich verbunden fühlen können.

Wenn sie Pech haben, leiden sie an Einsamkeit und Isolation. Sehr leicht verbeißen sie sich dann in ihre Ausbildung oder ihr Studium. So wird der Schmerz ihrer ungestillten Sehnsucht nach Nähe und Verbundenheit weniger stark spürbar. Vielen gelingt es auf diese Weise, ihr ursprüngliches Bedürfnis nach Nähe und Verbundenheit über immer längere Zeiträume immer besser zu unterdrücken. Dafür werden sie als Spezialisten, Experten, Leistungssportler oder Selbstdarsteller immer abhängiger von all jenen Menschen, die sie aufgrund ihrer besonderen Leistungen bewundern oder bejubeln. Sie stillen ihr unbefriedigtes Bedürfnis nach Verbundenheit mit der Anerkennung, die sie bei anderen finden oder sich bei anderen verschaffen. Sie brauchen ihre Bewunderer und ihre begeisterten Anhänger brauchen sie. In dieser wechselseitigen Abhängigkeit verlieren beide, oft ohne es zu bemerken, ihre Freiheit und Autonomie. Irgendwann aber klappt das Wechselspiel nicht mehr und der Erfolg bleibt aus. Dann leiden auch sie wieder an einem Mangel und landen in einer Krise.

Einen anderen Weg beschreiten all jene jungen männlichen Erwachsenen, die ihr Autonomiebedürfnis nicht über eine selbst bestimmte Ausbildung und entsprechende Erfolge stillen können. Manche bleiben daheim bei Mama, manche suchen sich auch eine neue Mama als Frau und stillen so ihr Bedürfnis nach Nähe und Verbundenheit. Sie verzichten so von Anfang an auf eine selbstbestimmte Entwicklung, auf die Erlangung von Autonomie und Freiheit. Weil sich dieses Grundbedürfnis aber nicht dauerhaft unterdrücken lässt, leiden auch sie über kurz oder lang an einem Mangel und landen ebenfalls in einer Krise.

Diejenigen, deren Autonomiebedürfnis von Anfang an etwas stärker ist, die aber ebenfalls keine Aufgaben finden, an denen sie wachsen können, suchen sich gern solche Aufgaben außerhalb des von der jeweiligen Gesellschaft als bedeutsam erachteten Bereichs von Ausbildung und sozialer Anerkennung. Sie werden Künstler oder Abenteurer, und wenn auch das nicht gelingt, Bankräuber, Penner oder Kriminelle, neuerdings zunehmend auch Aussteiger in virtuelle Welten. Ihr Bindungsbedürfnis stillen sie, so gut es geht, im engen Kreis ihrer Gleichgesinnten. Die Welt, in der sie leben und die sie sich schaffen, wird dabei immer enger. Allzu leicht verlieren sie den Halt und landen dann ebenfalls in einer Krise.

Es ist letztlich egal, auf welche Weise und wie schnell all diese Versuche von jungen männlichen Erwachsenen, ihre beiden Grundbedürfnisse nach Bindung und Autonomie zu stillen, in einer Krise enden. Wichtig ist nur, dass der von ihnen eingeschlagene Weg sie zwangsläufig und immer wieder in solche Krisen führt, solange es ihnen nicht gelingt, eine Lösung für das Dilemma zu finden, das sie nun schon seit ihrer Kindheit begleitet. Wird ihre Sehnsucht nach Verbundenheit nicht gestillt, leiden sie an Unzufriedenheit. Das passiert aber auch, wenn ihr

Bedürfnis zu wachsen und über sich hinauszuwachsen unbefriedigt bleibt.

Das eine wie das andere ist ein unerträglicher Zustand, denn im Gehirn kommt es immer dann, wenn eine bestimmte Erwartungshaltung sich als nicht erfüllbar erweist, zu einer sich zunächst im Frontalhirn ausbreitenden Übererregung, die dann auf die tiefer liegenden, älteren Bereiche des limbischen Systems übergreift und eine Alarm- und Stressreaktion in Gang setzt, die schwer auszuhalten ist. Man sucht dann krampfhaft nach einer Lösung, die diesen Aufruhr im Gehirn wieder zur Ruhe bringt. Und weil man das, was man wirklich braucht, ja nicht herbeizaubern kann, nimmt man eben das, was man kriegen kann, um zumindest vorübergehend wieder etwas Ruhe ins Gehirn zu bringen: Alkohol, Drogen oder irgendeine andere Ersatzbefriedigung zum Frustabbau, wie Einkaufen, Geld anschaffen, Karriere machen, Macht und Einfluss gewinnen, sich vor Bildschirmen und Leinwänden amüsieren oder in Spannung versetzen lassen, mit seinem Sportwagen im Wohnviertel herumfahren, andere Leute beschämen, abwerten und so weiter.

Wir leben in einer Gesellschaft der unbeschränkten Möglichkeiten, wenn es darum geht, unsere ungestillten Grundbedürfnisse ersatzweise zu befriedigen. Das gilt für beide Geschlechter, aber womit Männer ihre Sehnsucht nach Verbundenheit und Autonomie ersatzweise stillen, ist doch recht verschieden von der Art und Weise wie Frauen das tun. Die Erfahrungen, die sie dabei machen, sind allerdings immer dieselben. Es reicht nicht: Der Hunger lässt sich so nicht stillen. Man braucht immer mehr von diesen Ersatzbefriedigungen. Und diese Erfahrungen werden im Frontalhirn verankert. Die aus diesen Erfahrungen abgeleiteten inneren Haltungen und Einstellungen bezeichnen wir oft fälschlicherweise als Gefühle. Sie heißen Gier, Missgunst, Habsucht, Neid. Und wer sich diese Haltungen angeeignet und in seinem Frontalhirn verankert hat, wird sein Gehirn künftig eben entsprechend eng und einseitig nutzen und damit auch strukturieren.

8. Station
Die Paarbildung: eng verbunden – aber wie lange?

Mit den Eltern und den Mitgliedern der Herkunftsfamilie hat sich jeder Heranwachsende zumindest eine Zeitlang verbunden gefühlt. Sonst hätte er nichts von ihnen lernen, keine sozialen Erfahrungen machen und über sich hinauswachsen können. Später, als es in dieser ersten engen Beziehung nicht mehr genug Anregungen und Freiraum für die weitere Entfaltung seiner Entdeckerfreude und Gestaltungslust gab, hat er meist Freunde gefunden, mit denen es wieder genug Neues auszutauschen, zu entdecken und zu gestalten gab. Solange das der Fall war, hielten die Freundschaften. Wenn es aber irgendwann miteinander nur noch immer wieder das Gleiche auszutauschen und immer weniger voneinander zu lernen und miteinander zu erleben gab, verloren diese Beziehungen den inneren Kitt, der sie bis dahin zusammengehalten hatte. Sie zerbrachen oder verwandelten sich in Zweck- und Notgemeinschaften, die nicht mehr durch die Freude aneinander, sondern durch die Angst davor, allein zu sein, nicht mehr dazuzugehören, schutzlos ausgeliefert zu sein, zusammengehalten wurden. Diese von Angst und Verunsicherung getragenen Gemeinschaften können jedoch auf Dauer das Grundbedürfnis nach Zugehörigkeit und Verbundenheit junger Männer nicht stillen. Die dadurch im Gehirn entstehenden Dissonanzen werden als Sehnsucht erlebt. Gleichzeitig kommt es durch die Testosteronwirkung im Gehirn zur Aktivierung von neuronalen Netzwerken, die das auslösen, was dieser Sehnsucht nach Verbundenheit eine ganz bestimmte Richtung verleiht: sexuelles Begehren. Jetzt beginnen diese jungen Männer nach einer passenden Partnerin zu suchen.

Die Maßstäbe, anhand derer Männer bei dieser Partnerwahl vorgehen, sind nicht angeboren, sondern beruhen auf ihren bisher gemachten Erfahrungen. Zum Teil sind das emotional positiv besetzte Erfahrungen, die sie mit Frauen aus ihrer jeweiligen Herkunftsfamilie gemacht haben, mit der eigenen Mutter, einer älteren Schwester, einer Tante oder einer anderen Frau aus dem Freundeskreis oder dem Umfeld der Familie. Zum Teil sind es aber auch emotional positiv besetzte Bewertungen eines bestimmten Frauentyps, die von männlichen Bezugspersonen bereits während der eigenen Kindheit und Jugend übernommen worden sind. Später kommen dann noch die von Gleichaltrigen vertretenen und die von den Medien, in Kino und Fernsehen verbreiteten Vorstellungen hinzu und festigen ein bestimmtes Bild im Gehirn des Heranwachsenden, das ihm als Referenz dafür dient, wie eine begehrenswerte Frau auszusehen und zu sein hat. Dieses innere Bild der »Traumfrau« ist also recht komplex und glücklicherweise individuell auch einigermaßen unterschiedlich. Erzeugt und aufrechterhalten wird es durch miteinander verkoppelte kognitive und emotionale Netzwerke, die im präfrontalen Cortex, also dem Frontallappen, erfahrungsabhängig verankert werden. Anhand dieses inneren Referenzbildes werden die als Partnerin in Frage kommenden Frauen bewertet. Stärker als Frauen lassen sich Männer bei der Partnerwahl von der äußeren Erscheinung ihrer potenziellen Partnerin leiten. Diese »physical attractiveness« wird von Männern aller Kulturen besonders hoch bewertet, wobei allerdings die jeweiligen äußeren Merkmale, die eine Frau für Männer besonders attraktiv macht, von Kultur zu Kultur durchaus unterschiedlich sind. Diese Bewertungsmaßstäbe können sich auch im Verlauf der Zeit verschieben, wie das gegenwärtig als Folge der Globalisierung in vielen traditionellen Kulturen zu beobachten ist.

Von einer attraktiven Partnerin zu träumen, nutzt jedoch wenig, wenn man sie nicht findet und wenn man in deren Augen selbst nicht anziehend genug ist. Was Männer für Frauen in allen Kulturen besonders attraktiv macht, ist weniger ihr Aussehen, sondern das Ansehen, das sie in der jeweiligen sozialen Gemeinschaft genießen. Wenn das nicht ausreicht, wenn es einem Mann also nicht gelungen ist, Geld, Einfluss, Macht oder andere von Frauen als bedeutsam erachtete äußere Attribute vorzuweisen, ist noch nicht alles verloren. Jedenfalls dann nicht, wenn er wenigstens das zweitwichtigste Kriterium der Partnerwahl von Frauen erfüllt, nämlich besonders einfühlsam, rücksichtsvoll, verlässlich oder einfach nur liebevoll ist.

Wenn es dann irgendwann »gefunkt« hat, ist der Mann verliebt, und das ist gleichzeitig der schönste, aber auch der gefährlichste Zustand, in den man hineingeraten kann. Man fühlt sich aufs Engste miteinander verbunden, manchmal sogar verschmolzen, und man hat den Eindruck, als sei der Horizont der eigenen Begrenztheit aufgebrochen, als könne man jetzt miteinander nur noch wachsen, über sich hinauswachsen und gemeinsam Berge versetzen. Jetzt darf man endlich so sein, wie man ist, man braucht sich nicht mehr zu verstellen, man kann all die anstrengenden Abwehr- und Schutzfassaden abbauen, die man um sich herum und in sich selbst aufgerichtet hat. So werden plötzlich sehr viele der bisher dafür eingesetzten Energien frei, man verliert die Angst, fühlt sich befreit und leicht, fast schwebend und voller Kraft.

Das ist ein wunderbarer Zustand, aber eben auch ein gefährlicher, denn im Zustand der Verliebtheit hat man sich selbst gewissermaßen eine rosarote Brille aufgesetzt. Mit der sieht man allzu leicht nicht das, was ist, sondern nur das, was man mit dieser Art von Brille noch sehen kann. Der eigene Traum von einem gelungenen Leben, nämlich gleichzeitig eng verbunden *und* frei zu sein, scheint in Erfüllung zu gehen. Das ist ein berauschend angenehmer Zustand, aber er ist leider nicht von Dauer. Hirntechnisch betrachtet wird dieser Eindruck durch eine starke Aktivierung der emotionalen Zentren in den älteren, für die Regulation körperlicher Prozesse, von Libido und Sexualität zuständigen Bereiche angetrieben. Und die damit einhergehenden starken Empfindungen bringen in den höheren, cortikalen Bereichen des Gehirns, vor allem im Frontalhirn, allzu leicht einiges durcheinander. »Er ist kopflos, bis über beide Ohren verliebt«, sagt der Volksmund und beschreibt damit ziemlich genau das Problem, das man in diesem Zustand hat: Man ist ein bisschen taub und ein bisschen blind und ein bisschen naiv. Und vor allem: Man ist wohl eher in das Bild verliebt, das man sich von der Partnerin und dem Leben mit ihr macht, als in sie selbst und in das Leben mit ihr. Deshalb sieht man die Partnerin auch nicht so, wie sie ist, sondern so, wie man sie und das Zusammenleben mit ihr sich selbst erträumt. Sie ist nur der Spiegel, in dem die eigenen Träume wahr geworden zu sein scheinen.

Das kann auf Dauer nicht gut gehen, und es geht auch nie gut, wenn es dem Mann nun nicht gelingt, diesen aus den unteren Hirnbereichen getriebenen rauschhaften Zustand durch einen von den oberen Regionen generierten Stabilisator der Beziehung zu dieser Frau zu ergänzen. Leicht ist das nicht und von allein geht das gar nicht, aber es geht. Dazu müsste dieser

Mann diese Frau lieben lernen, indem er sie entdeckt. Das gelingt freilich nur dann, wenn er sich darauf einlässt, wenn er es also selbst so will, nicht aus dem Bauch heraus, sondern durch eine bestimmte innere Einstellung und eine aus dieser Haltung heraus getroffenen Entscheidung. Wenn das Frontalhirn also im Zustand der Verliebtheit ausgeschaltet war, so muss er es jetzt, wenn daraus Liebe werden soll, einschalten. Man kann dann nur hoffen, dass dies der Partnerin dann ebenfalls gelingt.

9. Station
Die Vaterschaft: gut gewollt – aber wie gut gelungen?

»Vater werden ist nicht schwer«, dieser erste Teil der Ermahnung, mit der viele Eltern ihre Söhne in die Familiengründung schicken, ist aufgrund der nachlassenden Fertilität heutiger Männer selbst für diejenigen, die es gern wollen, nicht mehr so einfach. Und der zweite Teil, »Vater sein dagegen sehr«, war wohl seit jeher als Abschreckung gedacht. Er gilt – und galt auch früher schon – ja ohnehin nicht für all jene männlichen Exemplare, die Vater geworden sind, ohne das zu wollen. Wer sich weigert, für das Kind, das er gezeugt hat, die Rolle eines Vaters zu übernehmen, ist eben auch keiner, selbst dann, wenn das Kind in seiner Gegenwart aufwächst. Und all jene, die gern Vater geworden sind, haben allen Grund, sich über ihre Kinder zu freuen, denn es gibt nichts Beglückenderes für einen Vater als zu erfahren, was ihm seine Tochter oder sein Sohn entgegenbringt: ohne Vorbehalte, so wie er ist, angenommen und bedingungslos geliebt zu werden.

So kann jeder Vater noch einmal in der Beziehung zu seinem Kind spüren, was es bedeutet, sich so unglaublich offen, mit all dieser Begeisterung, diesem Mut und dieser Lebensfreude hinaus in die Welt zu wagen. Und indem er diesen Schatz der frühen Kindheit in seinem Kind erlebt, findet er ihn auch in sich selbst wieder. Solchen Vätern braucht niemand zu sagen, dass die Spielfreude des Vaters die wichtigste Voraussetzung für die Ausbildung einer Sicherheit bietenden Bindungsbeziehung für ihr Kind ist. Sie brauchen sich auch nicht anzustrengen, ein solch spielfreudiger Vater zu werden, der seine eigene Begeisterung am Spielen, am Kuscheln, am Vorlesen, am Entdecken und Gestalten auf das Kind überträgt wie ein Funke, der überspringt. Solche Väter sind einfühlsam, zugewandt, begeistert, umsichtig und verantwortungsvoll, weil sie ihr Kind lieben, und zwar so, wie es ist, vorbehaltlos und bedingungslos. Und wer so sein darf, wie er ist, ohne sich anstrengen zu müssen, ohne Angst haben zu müssen, ohne sich verstellen zu müssen – der ist frei. Kinder spüren das. Solch ein Vater zu sein ist nicht schwer. Im Gegenteil, das ist ganz leicht und befreiend.

Schwer ist etwas ganz anderes, etwas, das gar nicht aus der Beziehung des jeweiligen Vaters zu seinem Kind erwächst, sondern von außen kommt und diese anfänglich noch so offene und gleichzeitig so enge Beziehung zwischen dem Vater und seinem Kind zunehmend stört, manchmal auch regelrecht untergräbt. Das kann bisweilen die eigene Frau sein, die Angst davor hat, dass seine Beziehung zu ihrem Kind zu eng wird, oder die gewisse Vorstellungen davon hat, wie ihr Mann als Vater sein sollte. Das können auch seine Eltern oder Schwiegereltern, Freunde oder Bekannte sein, die ihn mit ihren Vorstellungen und dem mahnenden Zeigefinger ihrer Erfahrungen verunsichern. Wenn er sich davon beeindrucken lässt, hört er allzu leicht auf, so zu sein, wie er ist, sondern beginnt sich so zu verhalten, wie diese ihm wichtigen Personen aus seinem Umfeld es von ihm erwarten.

Manche dieser Erfahrungen hat er vielleicht selbst in seiner eigenen Kindheit gemacht oder schon damals von anderen, ihm emotional nahestehenden Bezugspersonen übernommen, ohne sie jemals kritisch zu hinterfragen. Sie sind in seinem Gehirn abgespeichert und werden jetzt in der emotionalen Beziehung zu seinem eigenen Kind wieder reaktiviert. Vor allem in schwierigen Situationen verhält sich ein solcher Vater allzu leicht so, wie er es gar nicht will, oft so, wie der eigene Vater damals, als er noch ein Kind war.

Schlimm aber ist das Dilemma, in das fast jeder Vater über kurz oder lang hineingerät und das ihm fortan immer schwerer zu schaffen macht, jedenfalls dann, wenn er entweder arbeiten muss, um das Geld für seine Familie zu verdienen, oder wenn er einen Beruf hat, der ihm Freude macht und der ihn erfüllt, dem also seine Arbeit aus diesem Grund wichtig ist. Dann wird Vater sein und arbeiten für ihn über kurz oder lang nur schwer zu vereinbaren sein. Dieses Dilemma kann kein Vater allein lösen. Die meisten versuchen es mit einem Kompromiss und ahnen dabei nicht, wie genau ihre Kinder ihre innere Zerrissenheit spüren. Und weil es nur wenige Väter schaffen, beides gleichzeitig zu sein, ein für das Kind präsenter Vater und ein engagierter, mit beiden Beinen im Beruf stehender Mann, geht es so oft schief.

Es gibt nur wenige Väter, denen es gelingt, ihre ursprüngliche liebevolle Beziehung zu ihrem Kind weiter zu festigen, nicht immer wieder in alte, aus ihrer eigenen Kindheit mitgebrachte Verhaltensweisen zurückzufallen, sich nicht von gut gemeinten Ratschlägen und fragwürdigen Erfahrungen anderer verunsichern zu lassen und die Schwierigkeit zu meistern und trotzdem gleichzeitig für ihre Kinder präsent zu sein und ihren beruflichen Interessen oder Pflichten nachzugehen. Diese Väter sind in der Lage, ihren Kindern sehr viel von ihren eigenen Lebenserfahrungen, aber auch von ihrem Wissen und ihren Fertigkeiten mit auf den Weg zu geben. Das ist nicht anstrengend, das geht von ganz allein. Von solch emotional zugewandten und authentischen Vätern übernehmen Kinder alles. Nichts aktiviert ihre sogenannten Spiegelneuronensysteme im Gehirn so sehr wie die Begeisterung über das, was ein solcher Vater alles weiß und kann. Seine körperlichen Bewegungsmuster und seine mimischen und gestischen Ausdrucksformen werden von solchen Kindern, vor allem von den Söhnen, mit großer Begeisterung imitiert und dabei tief in ihrem Gehirn verankert. Das gilt auch für die von diesem Vater vertretenen inneren Einstellungen und Überzeugungen, seine Interessen, seine Vorbehalte oder Abneigungen.

Aber irgendwann kommen diese Kinder mit anderen Kindern in Kontakt, finden Freunde auch außerhalb der Familie, finden Gemeinschaften, die ihnen wichtig sind und zu denen sie gern dazugehören wollen. Zwangsläufig übernehmen sie deshalb zunehmend auch deren Überzeugungen, Haltungen, Interessen und Wertungen. Die sind allerdings nur selten identisch mit denen ihres Vaters. Die Kinder beginnen, sich für Dinge zu interessieren, von denen er keine Ahnung hat, und Meinungen zu vertreten, die er ablehnt. Es gibt erste Auseinandersetzungen, die sehr leicht zu handfesten Streitereien eskalieren und nicht selten damit enden, dass ein Riss in der Beziehung zwischen beiden entsteht.

Manche Väter schaffen den Sprung über ihren eigenen Schatten und entwickeln die Bereitschaft, sich selbst und die von ihnen vertretenen Ansichten durch ihren Sohn oder ihre Tochter in Frage stellen zu lassen. Andere scheitern an dieser Herausforderung, vertreten hart und kompromisslos auch weiterhin ihre bisherigen Überzeugungen, begegnen ihren Kindern mit Arroganz, nehmen sie nicht ernst, werten sie womöglich gar ab und verfallen in eine autoritäre Vaterrolle, die sich meist nicht allzu sehr von der unterscheidet, die ihr eigener Vater ihnen gegenüber eingenommen hatte, als sie selbst noch ein Kind waren. Weil sie nicht bereit sind – oder besser: weil sie es nie gelernt haben –, ihre eigenen Überzeugungen, ihre Meinungen und Vorstellungen in Frage zu stellen, empfinden sie die Autonomiebestrebungen ihres Kindes als Angriff auf ihr eigenes Selbstbild und Selbstverständnis. In ihrem Gehirn kommt es dann, wie bei jeder anderen Bedrohung, zur Aktivierung der archaischen Notfallprogramme im Hirnstamm: Angriff, Flucht oder ohnmächtige Erstarrung.

Unter diesen Bedingungen ist keine umsichtige Beziehungsgestaltung, kein Hineinfühlen in das Kind, kein Verständnis für seine Situation und keine konstruktive Lösung eines Problems mehr möglich. Die für diese komplexen Leistungen zuständigen Netzwerke im Frontallappen sind wegen allzu starker Übererregung in diesem Bereich nicht mehr abrufbar. Die Sicherung ist gewissermaßen durchgebrannt. Das macht dem Kind nun ebenfalls Angst, und es reagiert jetzt genauso »hirnstammgesteuert« mit Angriff, Flucht oder ohnmächtiger Erstarrung. Wenn es dem Vater nicht bald gelingt, aus diesem Zustand herauszufinden und wieder eine konstruktive Beziehung zu seinem Sohn oder seiner Tochter aufzubauen, können beide künftig nur noch versuchen, einander, so gut es geht, aus dem Weg zu gehen. Bis sie vielleicht irgendwann wieder besser miteinander zurechtkommen.

In der Wirtschaft nennt man diesen eben skizzierten Mut machenden Führungsstil, der Mitarbeiter einlädt, ermutigt und inspiriert, sich auf neue Erfahrungen einzulassen und ihre Potenziale zu entfalten, »supportive leadership«. Väter, die es nicht schaffen, solch ein unterstützender Potenzialentfalter für ihre Kinder zu werden, haben es schwer, die Kinder aber leider auch.

All diese Schwierigkeiten sind für einen Vater zumindest prinzipiell lösbar, wenn es ihm immer wieder gelingt, in der Beziehung zu seinen Kindern über sich selbst hinauszuwachsen und für sie – was immer sie von außen in die Beziehung hineintragen – ein Vater zu bleiben, der sie einlädt, ermutigt und inspiriert, ihren eigenen Weg im Leben zu finden und die in ihnen angelegten Potenziale zu entfalten. Eines allerdings wird er nie vermeiden können: dass seine Kinder irgendwann feststellen, dass er den Idealen, den basalen Wertvorstellungen, die er ihnen gegenüber vertritt und die er ihnen mit auf den Weg zu geben versucht, in seinem eigenen tagtäglichen Leben nicht oder nur mit Einschränkungen folgt oder zu folgen imstande ist. Dies festzustellen ist am schwersten, und es gibt keine Lösung dafür. Er wird nicht allen Bettlern, denen er mit seinen Kindern in der Stadt begegnet, etwas geben können. Er wird nicht allen Menschen, die Not leiden, helfen können. Er wird nicht wegen des Klimaschutzes gänzlich aufs Autofahren verzichten können. Er wird nicht immer da sein können, wenn ihn jemand braucht. Er wird nicht für alle Menschen ein Einladender, Mutmachender und Inspirierender sein können. Er kann nur versuchen, all das, was er seinen Kindern mit auf den Weg gibt, so gut es nur irgend geht, auch wirklich zu leben. Und wenn ihm das nicht immer gelingt, kann er nur hoffen, dass sie ihm das verzeihen.

10. Station
Der Beruf und die Karriere: mächtig angestrengt – aber wozu?

Die in unserer gegenwärtigen Gesellschaft noch immer am häufigsten von Männern gesuchte und gefundene Lösung für das alte Dilemma besteht darin, dass sie versuchen, ihr Bedürfnis nach Verbundenheit, Nähe und Geborgenheit zu stillen, indem sie eine Familie gründen. Und ihrem Bedürfnis nach Aufgaben, an denen sie wachsen und über sich hinauswachsen, nach Potenzialentfaltung, Autonomie und Freiheit versuchen sie gerecht zu werden, indem sie einen Beruf erlernen, dem sie dann weiter nachgehen, und dabei mehr oder weniger erfolgreich beweisen können, was sie können: Geld zu verdienen, Anerkennung zu finden und, wenn sie sich besonders anstrengen und Glück haben, auch Karriere zu machen. Optimal ist diese Zweiteilung zwischen Familie und Beruf nicht, aber anders war es bisher kaum möglich und scheint es auch gegenwärtig selten zu gehen.

Die Männer befinden sich schon sehr lange in diesem Dilemma. Die Frauen in unserem Kulturkreis sind seit wenigen Generationen dabei, sich aus ihrer bisherigen Abhängigkeit von Männern und beruflicher Benachteiligung zu befreien. Sie erlernen hochqualifizierte Berufe, haben Erfolg, machen Karriere und geraten nun immer stärker selbst genau in dieses Dilemma, in dem die Männer schon so lange gefangen sind. So sind es inzwischen nicht nur die Männer, sondern auch viele Frauen, die an der Unvereinbarkeit ihres familiären und beruflichen Engagements leiden. Eine Lösung ist nicht in Sicht. Manche Männer, und inzwischen auch immer mehr Frauen, versuchen das Dilemma der Unvereinbarkeit ihrer beiden Grundbedürfnisse zu lösen, indem sie auf eine feste Partnerbeziehung, auf Familie und Elternschaft verzichten. So können sie sich auf die ungehinderte Entfaltung ihrer Potenziale, auf ihre autonome Entwicklung und beruflichen Gestaltungsmöglichkeiten konzentrieren. Dabei bleibt ihr zweites Grundbedürfnis nach Nähe, Verbundenheit und Geborgenheit allerdings ungestillt.

Für eine gewisse Zeit lässt sich das daraus erwachsende Gefühl der Unzufriedenheit durch berufliche Erfolge, Karriere, Ansehen und Einfluss kompensieren. Auf Dauer geht das freilich nicht, auch wenn man sich dabei noch so sehr anstrengt. Irgendwann kommt das Gefühl des Alleinseins wieder zum Vorschein, und dann ist es für eine Familiengründung bereits oft zu spät. Es ist ja das Wesen eines Dilemmas, dass es sich nicht dadurch lösen lässt, dass man mehr Gewicht auf eine der beiden Seiten legt.

Im Augenblick fällt es noch sehr schwer, sich die Metaebene vorzustellen, die wir finden müssten, um aus dieser Zerrissenheit zwischen beruflicher Entfaltung und familiärer Verbundenheit herauszufinden. Sehr leicht ließe sich dieses Problem allerdings dann lösen, wenn wir ein neues, anderes Verständnis dessen entwickelten, was wir seit Beginn der Industrialisierung als »Arbeit« zu betrachten gewohnt sind: Lohnarbeit, die Bereitstellung physischer oder psychischer Leistungen gegen ein Entgelt für den eigenen Lebensunterhalt und ggf. auch noch den der eigenen Nachkommen, um damit sowohl den Erhalt wie auch die Reproduktion der Ware »Arbeitskraft« zu sichern.

Aus neurobiologischer Sicht stellt sich ohnehin die Frage, ob diese Art von Arbeit dazu beitragen kann, nicht nur den bisher erreichten Stand der kulturellen Entwicklung des Menschen zu sichern, sondern auch die weitere Entfaltung der dem Menschen innewohnenden Potenziale zu ermöglichen. Die Antwort lautet »nein«, denn das menschliche Gehirn ist nicht primär für die Erledigung von Dienstleistungen, sondern für das Lösen von Problemen optimiert, die das Leben jedes Einzelnen in einer menschlichen Gemeinschaft bereithält und immer wieder neu hervorbringt. Jede körperliche oder geistige Anstrengung, zu der ein Mensch sich aufrafft, um eine Bedrohung abzuwenden oder eine Herausforderung zu meistern, ist so gesehen »Arbeit« in einem selbstbestimmten, dem Menschen gemäßen Sinn.

Eine solche sinnbezogene Definition von Arbeit macht deutlich, dass alles, was Menschen beschäftigt, was sie nach neuen Lösungen suchen lässt, was sie also im weitesten Sinn bewegt und anregt, unter diesem Begriff zu fassen ist. Und das Ergebnis dieser Arbeit ist nicht ein Produkt oder eine Dienstleistung, das Ergebnis dieser Arbeit ist die eigene Weiterentwicklung, die weitere Vervollkommnung, die Entfaltung bis dahin nicht sichtbarer, noch nicht entfalteter Potenziale bei demjenigen, der in diesem Sinne »arbeitet«.

Angesichts dieses erweiterten Verständnisses der Bedeutung von Arbeit für die menschliche Entwicklung darf nun auch die Frage neu gestellt werden, ob es bestimmte Gruppen von Menschen gibt, die in diesem Sinne mehr und intensiver arbeiten als andere, und ob es Arbeiten gibt, die für die eigene Entwicklung, Potenzialentfaltung und Vervollkommnung geeigneter und damit wichtiger sind als andere.

Wenn das menschliche Gehirn wirklich so ein plastisches, in seiner Strukturierung so maßgeblich durch eigene Erfahrungen bei der Lösung von Problemen und der Bewältigung von

Herausforderungen geprägtes Organ ist, so fällt die Antwort leicht: Diejenigen Menschen, die die meisten Probleme dabei haben, sich erst noch in der Welt zurechtzufinden, müssten zwangsläufig auch diejenigen sein, die am härtesten »arbeiten«. Interessanterweise sind das genau diejenigen, denen wir Erwachsene »Arbeit« am wenigsten zutrauen und von denen wir glauben, sie erst noch zu dem, was wir unter Arbeit verstehen, erziehen zu müssen: unsere Kinder.

Die Tätigkeit, die für diese »Schwerstarbeiter« besonders geeignet ist und von ihnen auch besonders gern ausgeführt wird, um ihre Potenziale zu entfalten, sich selbst zu erproben und weiterzuentwickeln, ist allerdings nicht die schulische Ausbildung, in die wir sie zur Vorbereitung auf das Berufsleben, also auf das, was wir unter Arbeit verstehen, schicken. Diese für Kinder so wichtige, hirngerechte und sinnvolle Arbeit findet genau dort statt, wo wir Erwachsene sie am wenigsten vermuten: im Spiel.

Im spielerischen Umgang mit den Problemen, die wir Erwachsene unseren Kindern gewollt oder ungewollt bereiten, findet für Kinder die Schule fürs Leben statt. Dort üben sie sich ein, dort schaffen sie sich ihre Übungsplätze, dort machen sie ihre wichtigsten Erfahrungen, dort legen sie die Latte der Herausforderungen immer genau so hoch, dass sie auch mit Lust – also mit der durch eine eigene Leistung ausgelösten Begeisterung – übersprungen werden kann. In ihren eigenen, von uns nicht überwachten und kontrollierten Spielen bereiten sie sich auf ihr späteres Leben in unserer Gemeinschaft vor. Dort finden sie immer neue Herausforderungen und Aufgaben, an denen sie wachsen, über sich hinauswachsen können. Und dort, im gemeinsamen Spielen, finden sie auch das, was sie ebenso dringend für ihre Weiterentwicklung und die Entfaltung ihrer Potenziale brauchen wie ständig neue, immer größer werdende Herausforderungen. Dort finden sie andere Kinder, mit denen sie sich verbunden, bei denen sie sich geborgen fühlen, mit denen sie Konflikte zu lösen lernen und mit denen sie gemeinsam an Aufgaben arbeiten und Werke schaffen, die größer sind als das, was jeder und jede für sich allein zu bewältigen imstande wäre. Wenn wir uns als Erwachsene bisweilen aufregen über das, was Kinder sich in ihren Spielen erarbeiten, wenn wir sie dabei streitend, keifend, destruktiv, narzisstisch, desinteressiert, gelangweilt oder hyperaktiv erleben, so vergessen wir dabei allzu leicht, dass sie genau auf diese Weise dabei sind, sich in harter Arbeit genau all das anzueignen, was wir ihnen als unsere Lösungen, sich im Leben zurechtzufinden, vorleben.

Es könnte anders gehen, aber dazu bedarf es einiger Arbeit an uns selbst und an unseren gegenwärtigen Vorstellungen. Männern, denen dieser eigene Transformationsprozess gelingt, arbeiten nicht mehr allein, um Geld zu verdienen, Karriere zu machen und Macht und Einfluss zu gewinnen, sondern um die in ihnen und in anderen Menschen angelegten Potenziale zu entfalten. Dreimal dürfen sie raten, was unter dieser Prämisse die beglückendste und erfüllendste Arbeit – nicht nur für Männer – ist.

11. Station
Die Entbindung: endlich frei – aber wofür?

Irgendwann geht für jeden Mann die Zeit seiner Erwerbstätigkeit und die Beschäftigung mit dem, was er bisher für seine »Arbeit« gehalten hat, zu Ende. Die Kletterei auf der Karriereleiter ist vorbei. Die Familie ist versorgt. Das Haus ist gebaut. Die Kinder sind ausgeflogen und seine Frau hat aufgehört, noch viel von ihm zu erwarten. Er hat seine Pflicht erfüllt, seine Rolle als Ehemann, als Vater und Berufstätiger tapfer zu Ende gespielt. Und nun ist er von all diesen Pflichten entbunden. Endlich ist er wieder frei. Vielleicht zum ersten Mal in seinem Leben.

Welch ein großartiges Lebensgefühl. Jetzt muss er nicht mehr irgendwelche, ihm von anderen in den Weg gelegte Steine dorthin schleppen, wohin andere das wollen. Jetzt kann er seine Werke schaffen, und zwar so, wie er das will. Er muss nicht mehr nur des lieben Friedens willen und wegen der Kinder bei seiner Frau bleiben. Er kann sich jetzt, wo die Kinder ausgezogen sind, erstmals frei entscheiden, ob er mit dieser Frau auch weiter zusammen leben, ob er sie so, wie sie neben ihm in all den Jahren geworden ist, lieben will. Er muss auch nicht für die Enkelkinder sorgen. Aber er kann sich ganz freiwillig dazu entschließen, ein liebevoller Opa für sie zu sein. Auch zum Elternabend muss er nicht mehr in die Schule gehen, aber wenn er will, kann er in der Schule eine Werkstatt einrichten, in der er mit den Schülern Windräder, Elektroautos oder alles Mögliche, wozu er Lust hat, baut. Er muss nun einfach gar nichts mehr, er kann endlich machen, was er will. Jedenfalls könnte er das, wenn er es wollte.

Die Realität sieht für die Mehrzahl der aus dem Berufsleben ausscheidenden Männer freilich ganz anders aus. Ein Teil ist einfach nur froh, dass die jahrzehntelange Maloche endlich zu Ende geht. Was danach kommt, ist ihnen weitgehend egal. Morgens endlich ausschlafen, in Ruhe Zeitung lesen, ordentlich frühstücken, in die Stadt gehen, den Garten bestellen, Freunde besuchen, verreisen, die Briefmarkensammlung neu sortieren, die Rentenunterlagen ordnen, die Kinder besuchen, ins Kino gehen, das Haus reparieren, die Werkstatt aufräumen, das Auto putzen usw. Es gibt so viel zu tun, wenn man nicht mehr »arbeiten« muss. Die ersten Monate macht das noch Spaß, dann fängt auch dies an Routine zu werden und spätestens nach ein paar Jahren wird dieses Leben irgendwie hohl, inhalts- und sinnlos. Dann treten die ersten körperlichen Gebrechen zutage, der Mann wird krank und irgendwann ist das Leben zu Ende.

Nicht viel besser sieht es für den anderen Teil der Männer aus, für all jene also, die dem Ende ihrer Berufstätigkeit mit Verunsicherung, bisweilen sogar mit mehr oder weniger offen gezeigter Angst entgegenblicken. Das sind meist die Erfolgreicheren, die mit ihrem Beruf Identifizierten, die von ihrer Tätigkeit, ihrer Verantwortung, ihrem Einfluss und ihrem beruflichen Ansehen Getragenen. Ihnen erscheint die bevorstehende Pensionierung wie ein schwarzes Loch, in das sie hineinstürzen, wenn sie ihrer Arbeit nicht mehr nachgehen können.

Manche finden sich, wenn es soweit ist, resigniert damit ab und versuchen, das Beste daraus zu machen, etwas freudloser freilich als diejenigen, die wenigstens noch froh waren, als ihre Erwerbstätigkeit zu Ende ging. Aber dafür sind die Beschäftigungen, denen die beruflich Erfolgreichen im Ruhestand nachgehen, auch etwas attraktiver: eine Weltreise vielleicht oder ein Jahr im Wohnmobil de luxe durch Europa, Besuche von Ausstellungen, Sammeln von Kunstobjekten, Vorträge halten, Bücher lesen, sich an der Seniorenuniversität weiterbilden usw. Aber irgendwann wird auch das alles zur Routine, die Lust am Leben schwindet und das Ende naht, auch wenn sich die Ärzte noch so viel Mühe geben es zu verlängern.

Es gibt auch noch die Gruppe der im Beruf erfolgreichen Männer, die angesichts ihrer bevorstehenden Pensionierung nicht in Passivität verfallen. Sie bemühen sich mit aller Kraft darum, irgendwie doch noch so weiterzumachen wie bisher; als Senior Advisor oder als Mitglied von Aufsichtsräten, Kommissionen, Stiftungen oder was es da noch für Möglichkeiten gibt, seine Expertise als Senior, sein Wissen und seine Erfahrungen noch irgendwo einzubringen. Aber auch dieser langsame Abschied aus dem Berufsleben bleibt letztendlich doch immer ein Weg bergab, ein schleichender Abrutsch. Irgendwann ist der Senior dann nicht mehr so gefragt, wird er nicht mehr so bewundert, bekommt er zu spüren, dass er zwar noch mitmachen darf, aber in den Augen der anderen zum alten Eisen gehört. Sich noch stärker festzuhalten und anzuklammern hilft dann nicht mehr, aber das Loslassen ist noch viel schwerer. Krank und gebrechlich zu werden, ist dann oftmals der einzige Notausstieg aus dieser sich beschleunigenden Talfahrt.

Angesichts der verschiedenen Möglichkeiten eines Mannes, genau dann, wenn er seine ihm vorgegebene Rolle erfüllt hat, zu scheitern, lohnt sich ein Blick auf die seltenen Beispiele des Gelingens: auf jene Männer also, die aus der Entbindung von ihren bisherigen Verpflichtungen tatsächlich den Weg in die Freiheit finden, die diese vorletzte Stufe der Transformation so bewältigen, dass sie in Verbundenheit weiter wachsen, über sich hinauswachsen können. Solche Männer sind selten. Was sie auszeichnet ist etwas, was sie meist schon vorher entwickelt haben, was sich aber jetzt erst zu voller Blüte entfaltet: Authentizität, Souveränität und Spiritualität. Von manchen kennen wir noch die Namen. Krishnamurti, Gandhi, Mandela gehören sicher dazu, viele sind aber inzwischen vergessen, oft auch schon zu Lebzeiten übersehen worden. Ihr Geheimnis ist ihre besondere Haltung: Offenheit, Verlässlichkeit, Vertrauen, Dankbarkeit, Bescheidenheit, Achtsamkeit, Zugewandtheit und über allem: Liebe. Diesen Männern ist das Wohlergehen anderer Menschen wichtiger als ihr eigenes. Das ist der Unterschied.

12. Station
Die Versöhnung: endlich wiedergefunden –
alles ist gut!

Das Leben eines Mannes beginnt mit der Erfahrung des allumfassenden Einsseins. Und er kann den Zustand des Getrenntwerdens später nur deshalb empfinden, weil er den dieses Einsseins am Anfang seines Lebens bereits kennen gelernt hat. Nur deshalb, weil er weiß, wie es sein kann, ist er imstande zu bemerken, dass es irgendwann einmal nicht mehr so ist, wie es einmal war, nämlich eins zu sein mit sich selbst und der Welt. Diese Grunderfahrung des Einsseins wird zunächst in seinem Körper und, wenn es sich soweit entwickelt hat, auch in seinem Gehirn verankert und dann bei jeder Erfahrung des Getrenntseins automatisch als innere Referenz, als eine Vorstellung davon, wie es sein müsste, mit aktiviert. Auf diese Art werden auch die inneren Strukturen, die diese Information tragen, auf jeder Entwicklungsstufe immer wieder neu stabilisiert.

Das Gleiche gilt für die Grunderfahrung des Verbundenseins zunächst mit der Mutter und später auch mit den anderen Mitgliedern seiner Herkunftsfamilie, mit seinen Freunden und mit allen anderen Menschen, mit denen er sich verbunden fühlt. Auch diese Grunderfahrung bleibt zeitlebens in seinem Gehirn verankert, weil auch sie bei jeder Trennungserfahrung erneut reaktiviert und damit stabilisiert wird.

Ebenso wird auch die frühe Erfahrung des Wachsens und des Über-sich-Hinauswachsens, der Entfaltung seiner Potenziale und der Erlangung von Autonomie und Freiheit tief im Gehirn verankert und durch jede spätere gegenteilige Erfahrung von Stillstand, Beschränkung von Autonomie und mangelnder Entfaltung von Freiheit immer wieder neu reaktiviert und dadurch weiter stabilisiert.

Jeder Mann – Frauen geht es in dieser Beziehung freilich nicht anders – macht im Lauf seines Lebens Erfahrungen, die ihn dazu zwingen, bestimmte Anteile von sich selbst abzutrennen, abzuspalten und zu unterdrücken. Er wird auch sein Bedürfnis nach Verbundenheit und seine Sehnsucht nach Aufgaben, an denen er wachsen, autonom und frei werden kann, später im Leben nicht mehr so stillen können wie am Anfang seines Lebens. Durch derart schmerzvolle Erfahrungen wird er dazu gezwungen, zumindest eines dieser beiden Grundbedürfnisse zu unterdrücken und abzuspalten. Das Wissen über den ursprünglichen Zustand bleibt aber tief in seinem Gehirn verankert, denn sonst würde er nicht mehr spüren, dass es anders geworden ist, als es einmal war.

So trägt also jeder Mann zeitlebens all das weiter in sich, was er in der Welt, in der er sich zurechtzufinden versucht, nicht leben kann: das kleine Kind, das er einmal war, den weiblichen Anteil, den er abgespalten hat, die Ganzheit, die er in sein Denken und sein Fühlen, in seinen Kopf und seinen Körper zerlegt hat – die Liebe, die er einmal erfahren hat. Erträglich wird für ihn dieser Zustand oft nur durch bestimmte Vorstellungen, Überzeugungen, Haltungen und Einstellungen, die er im Lauf seines Lebens aufgrund der Erfahrungen, die er beim Versuch, seine Grundbedürfnisse zu stillen, gemacht und in seinem Frontalhirn verankert hat. Sie heißen: »Da muss man durch.« »Da hat man keine andere Wahl.« »Das geht nicht anders.« »Das hält man aus.«

Um glücklich zu werden, müsste er die durch diese negativen Erfahrungen entstandenen Verschaltungsmuster und die von ihnen generierten, einengenden Vorstellungen, Überzeugungen, Haltungen und Einstellungen irgendwann wieder auflösen. Das heißt, er müsste genau das loslassen können, was ihn bisher gehalten hat. Beim Sterben geschieht das möglicherweise von ganz allein. Weil dann, wenn die Blutversorgung des Gehirns zusammenbricht, das Frontalhirn meist zuerst seine Funktionsfähigkeit verliert. Aus eigener Kraft und zu Lebzeiten schaffen es allerdings nur sehr wenige Männer, ihre im Frontalhirn verankerten, ihnen Halt bietenden Vorstellungen, Überzeugungen, Haltungen und Einstellungen loszulassen. Denn das macht Angst, und die ist nur durch ein anderes, gegenteiliges Gefühl zu überwinden: durch vorbehaltlose und allumfassende Liebe. Wenn einem Mann das gelänge, wäre er mit sich und der Welt versöhnt.

Nachbemerkungen

Wir sind nun am Ende unserer Reise durch die Natur und das Wesen des männlichen Geschlechts im Allgemeinen und durch das, was im Kopf von Männern im Speziellen vorgeht, angekommen. Es mag sein, dass der von mir gewählte Weg für einige zu tief, für andere zu flach angelegt war, auch sind sicher einige Abschnitte dieser Reise zu lang, andere zu kurz geraten. Dafür kann ich nur um Nachsicht bitten.

Die Frauen, insbesondere all jene, die sich mit viel Engagement für die Überwindung historisch gewachsener patriarchaler Vormachtstellungen einsetzen, bitte ich um Verständnis für die hier eingeschlagene Reiseroute. Ich wollte ein Buch für die Männer schreiben, das ihnen hilft, sich selbst etwas besser zu verstehen. Es mag sein, dass viele Frauen ihre Männer längst erkannt haben und hier nur wiedergefunden haben, was sie ohnehin schon wussten. Ganz sicher bin ich mir aber diesbezüglich nicht, denn an dem, was Männer früher waren und was sie zum Teil auch heute noch immer sind, haben eben auch Frauen als Mütter einen nicht unwesentlichen Anteil. Für mich wäre es sehr spannend zu erfahren, wie eine Frau die biologische Rolle des weiblichen Geschlechts einschätzt und wie sich die Stufen der Transformation zur Frau aus ihrer Sicht vollziehen.

Erheblich schwerer verdaulich als für die Frauen, so fürchte ich, ist der Inhalt dieses Buches für die Vertreter des männlichen Geschlechts. Zumindest für einige. Sie werden sich schwer damit abfinden können, dass es nicht ihr Geschlechtsteil ist, das sie zum Mann macht und als Mann auszeichnet. Manche auch in der Öffentlichkeit und den Medien sehr präsente Exemplare des männlichen Geschlechts werden sich fragen müssen, auf welcher Stufe der Transformation zum Mann sie aus Gründen, die sie nur selbst herausfinden können, steckengeblieben sind.

Ich bin mir darüber im Klaren, dass die Schlussfolgerung, im Verlauf dieses Transformationsprozesses von einem Schwächling zu einem Liebenden zu werden, für viele Vertreter des männlichen Geschlechts eine Zumutung ist, ganz besonders für all jene, die bisher so emsig versucht haben, ihre eigenen Probleme und die Probleme der Welt mit Hilfe nackter Vernunft und viel Aktionismus zu lösen. Ihnen kann ich nur entgegenhalten: Es geht nicht ohne Gefühle, aber auch Gefühle können transformiert werden.

Verliebtheit, auch Geilheit, ist ein Gefühl. Liebe jedoch ist eine durch Transformation des Gefühls der Verliebtheit herausgeformte Haltung. Die können sie ihrer Frau als Gefühl entgegenbringen, aber auch mit Worten erklären – am besten aber zeigen.

Manche Leser und Leserinnen mag es auch irritiert haben, dass ich in diesem Buch durchweg auf Fußnoten, Referenzen und Literaturhinweise verzichtet habe. Das hat einen subjektiven Grund und einen objektiven. Der subjektive ist meine Haltung. Ich weiß und fühle, dass ich – ebenso wie jeder andere Mensch – all das, was ich im Lauf meines Lebens an Kenntnissen gesammelt und an Fähigkeiten und Fertigkeiten erworben habe, von anderen Menschen übernommen habe. Aus den Büchern, die sie geschrieben haben, aus den Gesprächen, die sie mit mir geführt haben, aus den Ermutigungen, mit denen sie mich auf den Weg geschickt haben. Ihnen müsste ich danken. Sie müsste ich zitieren. Aber von denjenigen, die mir vielleicht von allen die wichtigsten Anregungen für dieses Buch mitgegeben haben, meinem Großvater und meiner Frau, gibt es keine zitierfähigen Originalquellen, auch nicht von meinen Eltern, meinen Kindern und meinen Freunden. Und das Buch, in dem vielleicht erstmals beschrieben wird, was einen liebenden Mann auszeichnet, ist schon ein paar Tausend Jahre alt und hat keinen Autor. Mich schaudert bei dem Gedanken, ein Literaturverzeichnis erstellen zu müssen, in dem zwischen dem Neuen Testament und Musils »Mann ohne Eigenschaften« der in einem Kongressband publizierte Beitrag eines Pantoffeltierchen-Erforschers aufgelistet wird. Damit ist auch schon ein wichtiger objektiver Grund für den Verzicht auf die üblichen Referenzen benannt. Es wären angesichts des inhaltlichen Bogens, den ich hier von den Pantoffeltierchen bis zu Krishnamurti aufgespannt habe, einfach zu viele. Und es wären auch dann immer noch zu viele weggelassen worden. Die Suchdienste im Internet bieten jedem Interessierten die Möglichkeit, die von mir beschriebenen Sachverhalte und Erkenntnisse nach Belieben breiter und tiefer zu verfolgen.

Es mag sein, dass der eine oder andere Sachverhalt oder Befund, den ich hier erwähnt habe, von anderen Autoren anders interpretiert und anders betrachtet wird, dass daraus andere Schlussfolgerungen gezogen und andere Zusammenhänge abgeleitet werden. Natürlich erwarten wir von wissenschaftlichen, vor allem von naturwissenschaftlichen Erkenntnissen Objektivität. Aber diesem Anspruch auf Objektivität kann eine Naturwissenschaft umso schwerer gerecht werden, je stärker sie sich mit Phänomenen der lebendigen Welt oder gar mit dem Menschen selbst befasst.

Die entscheidende Grundüberzeugung, die den Siegeszug der Naturwissenschaften ermöglicht hat und alle dabei zutage geförderten Erkenntnisse mit dem Nimbus der Unhinterfragbarkeit versehen hat, ist die bis heute lauthals propagierte und von der staunenden Menge naturwissenschaftlicher Laien auch weithin akzeptierte Behauptung, naturwissenschaftliche Erkenntnisse seien »objektiv«, durch empirische Befunde belegt, methodisch nach allen Seiten abgesichert, jederzeit wiederholbar und daher wissenschaftlich nachprüfbare und somit zutreffende Beschreibungen von real existierenden Zusammenhängen und Phänomenen der unbelebten und belebten Welt.

Diesem Anspruch auf Objektivität ihrer Befunde kann naturwissenschaftliche Forschung allerdings nur dann gerecht werden, wenn die Wesensmerkmale der jeweils untersuchten Phänomene, also die Eigenschaften des Untersuchungsgegenstandes, auch dann noch weitgehend erhalten bleiben, wenn das Untersuchungsprojekt im Rahmen des Experiments aus dem Kontext herausgelöst wird, in den es normalerweise eingebettet ist. Pflanzen und Tiere müssen dazu aus dem jeweiligen Ökosystem herausgelöst werden, obwohl sie eigentlich Teil des Ökosystems sind. Einzelne Organe müssen getrennt vom jeweiligen Körper untersucht werden, obwohl sie untrennbar mit diesem Körper verbunden sind. Zellen müssen von anderen Zellen isoliert und unter künstlichen Bedingungen kultiviert werden, damit man einzelne Eigenschaften oder Leistungen dieser Zellen »objektiv« untersuchen kann.

Die Gesetze der Newton'schen Physik sind nur hier, auf der Erde, zutreffende und objektive Beschreibungen von beobachteten Phänomenen der Welt. Aus der Perspektive der modernen Quanten- und Astrophysik hat Newton deshalb die Schwerkraft nicht entdeckt, sondern erfunden.

Dieses Herauslösen aus dem Kontext, dieses Trennen einzelner zu untersuchender Teilphänomene von allem, was als interferierende Variablen die Reproduzierbarkeit der Untersuchungsbefunde einschränkt, war in der Vergangenheit außerordentlich erfolgreich.

Es hat dazu geführt, dass die sogenannten Life Sciences in den letzten einhundert Jahren immer mehr Wissen über immer mehr isolierbare Phänomene des Lebendigen akkumuliert haben. Jeder noch so sonderbar anmutende Einzelbefund war und ist dabei – wenn es sich nicht um bewusste Fälschungen von Versuchsergebnissen handelte – innerhalb der Rahmenbedingungen, unter denen er erhoben wurde, zutreffend, reproduzierbar und daher objektiv.

Diese aus der klassischen Physik und Chemie übernommene Strategie stößt jedoch, wenn sie auf die Analyse lebender Systeme unreflektiert übertragen wird, auf vorhersehbare Grenzen. Lebende Systeme sind nicht nur weitaus komplexer. Ihre Teilsysteme sind auch auf viel untrennbarere Weise miteinander verbunden und voneinander abhängig, als das im Bereich der unbelebten Welt der Fall ist – oder aus unserer irdischen Perspektive der Fall zu sein scheint. Lebende Systeme sind vor allem sich selbst erhaltende, autopoietisch entwicklungsfähige und anpassungsfähige Systeme, also Systeme, die sich ständig verändern, die auf Änderungen der Rahmenbedingungen und des Kontexts mit eigenen Antworten reagieren, die man also nicht in ihre Einzelteile zerlegen und getrennt voneinander untersuchen kann, ohne genau das zu zerstören, was sie ausmacht und was sie in ihrer Einzigartigkeit auszeichnet.

Das Zerlegen und Herauslösen einzelner Komponenten eines lebenden Systems kann daher bestenfalls dazu führen, dass sich immer genauer erklären lässt, welche Eigenschaften diese Komponenten auszeichnen und wie sie funktionieren. Dieses

Wissen wiederum eignet sich dazu, mit gezielten Manipulationen in das Zusammenspiel einzelner Teilfunktionen einzugreifen und die betreffenden Lebewesen nach unseren Vorstellungen zu verändern und für unsere Zwecke zu nutzen.

Aber verstehen lässt sich auf diese Weise das, was Leben ausmacht, leider nicht. Deshalb stehen wir heute, nach all den großartigen Entdeckungen der Life Sciences über den Aufbau und die Funktionsweise der Organe, Gewebe, Zellen und letztlich sogar des genetischen Codes des Menschen, noch genauso ratlos wie zu Beginn der Aufklärung vor der Frage, was uns als Menschen ausmacht. Wir haben uns selbst zerlegt und analysiert, aber wir haben uns dadurch selbst nicht besser verstanden, geschweige denn erkannt, warum wir so sind, wie wir sind, weshalb wir so denken, fühlen und handeln, wie wir das in unserem täglichen Leben tun. Ausgerechnet diejenigen, die uns all dieses viele Wissen über das präsentieren, was in unserem Körper und in unserem Gehirn vorgeht, sind – solange sie mit ihrem Tun noch weiter erfolgreich diese Art von Wissenschaft betreiben – am wenigsten bereit und in der Lage, sich selbst zu fragen, mit welchen Motiven und Intentionen, mit welchen Überzeugungen und Vorstellungen sie ihre »objektiven« Befunde erheben.

Wer ist es denn aber, der eine bestimmte Fragestellung auswählt und die dazu erforderlichen Experimente so und nicht anders plant?

Wer legt fest, welche Variablen konstant und welche Versuchsbedingungen einzuhalten sind?

Wer sucht aus, welche Parameter gemessen und welche nicht gemessen werden?

Wer interpretiert die unter diesen Bedingungen erhobenen Messdaten nach welchen Gesichtspunkten?

Wer bestimmt darüber, welche Befunde in der Öffentlichkeit bekannt gemacht und welche verschwiegen werden?

Objektiv ist immer nur das, was unter den jeweiligen Versuchsbedingungen gemessen wird. Alles andere hängt von demjenigen ab, der die betreffende Untersuchung plant, durchführt und auswertet – von seinen subjektiven Überzeugungen, seinem Wissensstand, seinem Welt- und Menschbild.

Und wir, die Rezipienten dieser »objektiven«, wissenschaftlichen Befunde, übernehmen von diesen naturwissenschaftlich angebotenen, subjektiv gefärbten Erkenntnissen immer diejenigen am bereitwilligsten, die am besten zu unseren eigenen Vorstellungen, Intentionen, Welt- und Menschenbildern passen. Und wir lehnen sie ab, wenn sie unser bisheriges Denken und Handeln in Frage stellen.

Wer also am Ende darüber entscheidet, ob die in diesem Buch zusammengestellten Erkenntnisse und die daraus abgeleiteten Schlussfolgerungen zutreffende Beschreibungen des Männlichen im Allgemeinen und der Mannwerdung im Besonderen sind, bin nicht ich. Das sind Sie.

Gerald Hüther bei V&R

Gerald Hüther

Etwas mehr Hirn, bitte

Eine Einladung zur Wiederentdeckung der Freude am eigenen Denken und der Lust am gemeinsamen Gestalten

2015. 187 Seiten, gebunden
ISBN 978-3-525-40464-5
eBook: ISBN 978-3-647-40464-6
ePub: ISBN 978-3-647-99660-8

»Auf sympathische Art und für einen Wissenschaftler überraschend verständliche Weise erklärt Hüther, dass Wettbewerb und Konkurrenz meist nur zu Spezialisierung führt. Unser Hirn und damit wir selbst haben aber viel mehr Potential.« *einfach-bewusst.de (Christof Herrmann)*

Gerald Hüther

Mit Freude lernen – ein Leben lang

Weshalb wir ein neues Verständnis vom Lernen brauchen. Sieben Thesen zu einem erweiterten Lernbegriff und eine Auswahl von Beiträgen zur Untermauerung

2016. 224 Seiten, kartoniert
ISBN 978-3-525-70182-9
eBook: ISBN 978-3-647-70182-0
ePub: ISBN 978-3-647-99768-1

Lernen heißt nichts weniger, als lebendig zu bleiben. Und wer seine Lust am Lernen verliert, hat damit auch seine Lust am Leben verloren. Die Quintessenz dessen, was Gerald Hüther über das Lernen weiß.

Verlagsgruppe Vandenhoeck & Ruprecht | V&R unipress

www.v-r.de

Gerald Hüther bei V&R